华北平原农村居民点用地
时空演变研究

董光龙 ◎ 著

中国财经出版传媒集团

经济科学出版社
Economic Science Press

图书在版编目（CIP）数据

华北平原农村居民点用地时空演变研究/董光龙著.
—北京：经济科学出版社，2021.3
ISBN 978 – 7 – 5218 – 2401 – 8

Ⅰ.①华…　Ⅱ.①董…　Ⅲ.①华北平原 – 乡村居民点 –
土地利用 – 研究　Ⅳ.①F321.1

中国版本图书馆 CIP 数据核字（2021）第 034366 号

责任编辑：胡成洁
责任校对：李　建
责任印制：范　艳

华北平原农村居民点用地时空演变研究

董光龙　著

经济科学出版社出版、发行　新华书店经销

社址：北京市海淀区阜成路甲 28 号　邮编：100142

经管中心电话：010 – 88191335　发行部电话：010 – 88191522

网址：www. esp. com. cn

电子邮件：espcxy@ 126. com

天猫网店：经济科学出版社旗舰店

网址：http：//jjkxcbs. tmall. com

北京季蜂印刷有限公司印装

710×1000　16 开　9.25 印张　130000 字

2021 年 3 月第 1 版　2021 年 3 月第 1 次印刷

ISBN 978 – 7 – 5218 – 2401 – 8　定价：46.00 元

（图书出现印装问题，本社负责调换。电话：010 – 88191510）

（版权所有　侵权必究　打击盗版　举报热线：010 – 88191661

QQ：2242791300　营销中心电话：010 – 88191537

电子邮箱：dbts@ esp. com. cn）

前　言

　　我国农村居民点用地普遍存在数量多、规模小、布局散乱、无序扩张、土地利用效率低等问题。分析华北平原农村居民点用地的变化过程及其背后的驱动因素，对于科学合理地管控农村居民点用地的规模和布局、保障我国粮食安全、实现乡村转型发展和新型城镇化等具有重要意义。以往我国农村居民点用地变化研究多以县域、市域等行政区划作为研究单元，研究范围相对较小，区域差异性分析明显不足，缺乏对华北平原等典型地理单元的综合研究；此外，以往对于农村居民点用地变化驱动因素的研究，往往是从全局的视角将整个研究区作为一个整体，驱动因素在整个研究区上的作用大小和方向均假定为常量，忽视了区域差异性。以上研究的不足使农村居民点用地区域差异性政策的制定和管控缺乏足够的科学依据。

　　本书以华北平原为例，基于遥感解译获得的 1990 年和 2015 年两期农村居民点用地数据，首先定量分析了农村居民点用地的现状及其变化特征。采用 Logistic 逐步回归模型识别影响农村居民点用地空间分布的主导因素；并进一步在网格尺度和县域尺度上采用空间回归模型和地理加权回归模型，探讨农村居民点用地变化的驱动力。在以上分析的基础上，划分华北平原农村居民点用地类型，并针对不同类型农村居民点用地特征及存在问题，提出了相应的调控策略。本书主要研究结论如下。

（1）2015 年华北平原农村居民点用地特征，主要为数量多、平均斑块面积较大、人均用地面积、密度和面积占比较高、空间分布差异显著等。2015 年华北平原农村居民点用地斑块共有 144941 个，平均斑块面积为 0.18 平方千米，总面积为 26214.23 平方千米，占华北平原总面积的比例为 10.30%，人均农村居民点用地面积为 181.44 平方米/人，超过了国家规定的人均 150 平方米/人的标准，用地较为粗放。县域内农村居民点用地斑块密度均值为 0.57 个/平方千米，空间分布差异明显。在华北平原南部以豫皖交界处为高值中心，呈圈层结构分布；在中部形成从东向西递减的带状分布格局；北部则在环渤海湾处形成一个横 "Y" 字形低值区。

（2）1990~2015 年华北平原农村居民点用地的变化，整体上表现出数量增多、面积扩大、用地规模差距加大、面积占比升高、密度增大、人均用地面积降低等特征，并且扩张以占用耕地为主。农村居民点用地斑块数量、总面积、最大斑块面积、面积占比、密度分别增加了 6482 个、1813.14 平方千米、3.31 平方千米、0.71%、0.03 个/平方千米，人均用地面积减少了 5.23 平方米。此外，华北平原农村居民点用地变化可以划分为原地扩张、飞地扩张、原地萎缩、城镇占用和整理利用五种模式，并以原地扩张为主。从占用耕地方面来看，1990~2015 年农村居民点用地扩张面积大于城镇扩张面积，并且农村居民点用地扩张占用耕地的比重更高，扩张面积中 97.13% 来源于耕地。

（3）在本书研究期内，华北平原农村居民点用地的县城趋向性呈减弱趋势，乡镇趋向性具有加强趋势，并且乡镇趋向性已经超越县城趋向性，农村居民点用地的乡镇趋向性最显著。此外，乡镇和县城对农村居民点的凝聚作用仍显著大于地级市和直辖市。农村居民点的国道趋向性略有减弱，而省道和县道趋向性加强，并且相比于国道和省道趋向性，农村居民点的县道趋向性最强。农村居民点的空间分布并未表现出河流趋向性。

（4）距1990年农村居民点、国道、省道的距离对华北平原农村居民点空间分布具有显著性影响。距1990年农村居民点、国道、省道距离越近，该区域为农村居民点用地的可能性越大；并且国道和省道对农村居民点空间分布的影响较为微弱、有限，1990年农村居民点的空间分布在很大程度上决定了2015年农村居民点用地的空间分布格局。华北平原农村居民点的宏观空间格局，是在国内和平稳定的环境中，在资源充足的前提下，受耕作半径约束，经历了充分的选择、竞争等长期积累之后达到的一个相对稳定、平衡的状态。

（5）在网格尺度上，空间回归模型结果表明：自然因素作为一个宏观控制变量，其空间差异是华北平原社会经济、风俗文化等差异的基础，是华北平原南北地域差异的宏观反映。因此，其对农村居民点面积变化的影响较大。区位因素距地级市、县城和乡镇距离等则反映中观的地区差异，其对农村居民点面积变化的影响程度相对较小。可达性因素距国道、省道和县道距离反映的是更小的地区内部差异，其对农村居民点面积变化的影响也最小。地理加权回归模型运算结果表明，农村居民点变化与相关驱动因素之间的关系具有显著的区域差异性。

（6）在县域尺度上，空间回归模型结果表明，对农村居民点面积变化具有显著影响的社会经济驱动因素，主要是总人口、乡村人口、农民人均纯收入和城镇化率；回归系数的大小则进一步表明，相比于农民人均纯收入，人口数量和城镇化率等对农村居民点面积变化的影响更大。地理加权回归模型结果则表明，各驱动因素在不同县域内的作用大小和方向具有明显的区域差异性。由于各县域所处的社会经济发展阶段等的不同，即使同一驱动因素，在不同的地区，对农村居民点面积变化的作用大小和方向也各不相同。

（7）小规模高密度、小规模中密度、中规模低密度三种类型的农村居民点数量多，面积占比大，分布广，是华北平原农村居民点的主要类型。大规模低密度类型虽然数量较少，但分布相对集中；而小规模低密度、中规模中密度两种类型农村居民点数量少且分布分散。不同类型农村居民点用地规模、集约水平、布局等均存在较大差异，农村居民点用地管控应注重区域差异性。大规模低密度类型农村居民点用地规模、分布较为合理，集约利用程度较高。该类型应注重以提高城镇化水平，引导乡村人口向城镇转移，以逐步实现新型城镇化为重点。北京市、天津市所辖区县等城镇化水平较高的中规模低密度类型农村居民点，应深化农村土地制度改革，有序推进农村土地利用规划，加快推进城乡一体化发展。此外，聚集在豫皖交界处的小规模高密度类型农村居民点，用地粗放，布局散乱，是农村居民点管控的重点。应在加强监管、杜绝违法乱建、完善农村宅基地退出机制的前提下，优化整体布局以及提高农村居民点内部用地效率。

目　　录

1

绪　论

1.1　研究背景与意义

1.1.1　研究背景

全球正在经历着城镇化过程，目前一半以上的世界人口生活在城市地区（Seto et al., 2011；Zhao et al., 2015）。据预测，到2050年城镇人口将占全世界人口的70%（Kuang et al., 2014；Li et al., 2013；You, 2016）。城镇化发展在促进社会经济发展、提高人民生活水平的同时，也带来了一些负面影响，例如耕地流失（Conrad et al., 2015；Song et al., 2015）、生物多样性下降（McKinney, 2002）、水污染（Zhao et al., 2015）、大气污染（Hu et al., 2014）等问题，还改变了区域气候（水循环、气温和降雨等）变化（Ivajnšič et al., 2014；Seto et al., 2011）。

中国作为一个发展中国家，改革开放以来其所经历的城镇化、工业化的规模和速度都是前所未有的（Bai et al., 2014；Zhao et al., 2015）。但在此过程中，城乡差距并没有随着城镇化水平的提高而减小，城镇居民人均可支配收入与农民人均纯收入之比反而扩大为3.03（Long et al., 2011）。在农业生产比较效益低下、农村地区经济收入来源有限的大背景下，受到生活压力、经济利益等的驱使，大量农村人口，尤其是青壮年涌入城镇，大部分农民工从事着较为低端的生产、服务工作；而老人、儿童则留守农村。这使农村地区出现了劳动力流失、耕地撂荒、环境脏乱差、农村居民点用地粗放、空心村等问题（Long et al.，2009；Long et al.，2010；Zhang et al.，2014；李升发和李秀彬，2016）。更重要的是，在城镇化和工业化的影响下，随着农民收入水平的提高以及农村社会经济的快速发展，建设用地的扩张不再局限于城市，农村居民点用地的扩张也非常迅速，并且这是在乡村人口数量明显减少的情况下发生的，同时造成了耕地流失、破碎化、土地利用效率低下，环境污染等一系列问题（Song and Liu，2014；Su et al.，2011；Tan and Li，2013；Tian et al.，2014）。

目前，我国已经进入城镇带动农村、工业反哺农业的时期，农村正在经历转型发展，农村经济和农户生计正转向非农化、多样化。乡村经济的发展促使农村居民点用地扩张，并且农村居民点用地的扩张规模和速度远远超过了农业主导时期（朱凤凯，2014）。这使原本就粗放低效利用的农村居民点用地规模进一步扩大，大量占用耕地，加剧了耕地保护的压力，威胁我国粮食安全。

此外，尽管随着社会经济的快速发展，城镇化水平的显著提高，乡村人口正在逐渐减少，但由于中国乡村人口基数大，到2013年中国仍有6.30亿人口生活在农村地区，占总人口的46.27%。考虑到农村人均居民点面积远高于城市人均居民点面积，农村居民点用地在城乡居民点用地中所占比重居高不下的现象仍将存在。

过去很长一段时间内，农村一直处于发展劣势，农村发展和农村居民点用地变化并没有引起足够的重视。近年来，随着农村居民点大量占用耕地、耕地撂荒、留守儿童、空心村、城中村、粮食安全等问题日益严重（Chen et al.，2016；Hin and Xin，2011；Li et al.，2014；Shao et al.，2016；Wang et al.，2009；Zhen et al.，2010；陈玉福等，2010；龙花楼等，2009；薛力，2001），三农问题逐渐引起了相关部门和学者的重视。为了缩小城乡差距，实现城乡一体化发展，构建社会主义和谐社会，政府相继出台了"科学发展观""和谐社会""社会主义新农村建设""建设新型城镇化""精准扶贫"等相关政策，习近平总书记对乡村建设更是提出了"看得见山，望得见水，记得住乡愁"的发展要求。

1.1.2 研究意义

我国农村居民点用地具有规模小、数量多、分布散、总面积大等特点，同时由于缺乏科学规划，往往普遍存在无序任意扩张、管理困难等问题（Tian et al., 2012）。相比于山区，平原区地势平坦、耕地等资源丰富，自然资源禀赋和交通、区位条件均较好。因此，平原区不仅是我国重要的农业区，往往也是经济发达、人口稠密、城乡居民点密集的地区。

华北平原是我国平原地区的典型代表，自古以来便是社会、经济、文化、政治、交通中心，首都北京市便位于华北平原的北部。华北平原作为我国重要的粮食生产基地，对于我国的粮食安全具有重要意义，同时，还是农村居民点最为集中的地区，该区域的农村居民点用地占全国农村居民点用地的比例高达 31.44%（田光进，2003）。而且华北平原农村居民点用地还拥有最大的扩张规模和最快的扩张速度（田光进，2003；田光进等，2003）。这使原本就十分紧张的建设用地扩张和耕地保护之间的矛盾更为尖锐，粮食安全受到严重威胁。

在农村居民点用地占据城乡居民点用地主导地位的特殊国情下，以华北平原为研究区，分析农村居民点用地的空间分布及其变化的时空特征，进一步分析影响其分布的主导因素，剖析其变化的驱动机制，有利于掌握华北平原农村居民点用地的基本情况及其变化规律，同时还可以为合理管控农村居民点用地规模、减少耕地流失、缓解建设用地扩张与耕地保护之间矛盾、提高土地利用效率、合理规划和布局农村居民点用地等提供科学参考，对于保障我国粮食安全，实现新型城镇化和可持续发展等具有重要意义。

1.2 国内外研究进展

在发达国家，城镇化早已完成，因此，国外近年来关于农村居民点用地的研究较少（田光进等，2003）。在我国，由于农村缺乏相关统计数据、空间数据获取困难等原因，很长时间以来，农村居民点用地的研究相对被忽视（Xi et al.，2014；田光进等，2002，2003）。

近年来，在城乡建设用地增减挂钩、新农村建设等相关政策措施的影响下，农村居民点用地的研究得到了一定的关注，尤其是关于农村居民点用地整理有了大量研究，涉及农村居民点用地整理潜力、整理模式、整理时序等方面（李鑫等，2013；曲衍波等，2012；宋伟等，2010；谢保鹏等，2014；杨悉廉等，2013；朱泰峰等，2013）；在刘彦随、龙花楼等人的推动下，空心村问题、乡村土地利用转型和乡村重构等也引起了广泛关注（刘彦随，2007；刘彦随和刘玉，2010；刘彦随等，2009；龙花楼，2006，2012；龙花楼和李秀彬，2005；龙花楼等，2009）。但农村居民点用地变化作为土地利用、土地覆被变化研究的重要内容之一（李秀彬，1996），相比城市用地的研究，农村居民点用地的研究仍相对较少。

1.2.1 国外研究进展

国外很早就开始了关于农村居民点用地的研究，总体上可以分为四个阶段（陈宗兴和陈晓键，1994；朱晓翔等，2016）：（1）兴起阶段，19 世纪至 20 世纪 20 年代；（2）发展阶段，20 世纪 20 年代至 20 世纪 60 年代；（3）兴盛阶段，20 世纪 60 年代至 20 世纪 80 年代；（4）转型阶段，20 世纪 80 年代至今。

1. 兴起阶段，19 世纪至 20 世纪 20 年代

这一阶段农村居民点用地的研究，是对农村居民点的启蒙和认识。多是在实地调查的基础上，对于所调查农村居民点规模、形态、类型、发展过程等的描述，并且由于当时社会经济发展相对落后，社会经济因素对农村居民点用地的影响较小，这一时段的研究更加注重描述地形地貌等自然因素与农村居民点用地之间的关系。该时期的主要代表人物有德国地理学家科尔、梅村、路杰安、法国学者白吕纳等（白吕纳，1935；Meitzen A，1963；陈宗兴和陈晓键，1994；金其铭，1988；李红波和张小林，2012；张文奎，1987）。

2. 发展阶段，20 世纪 20 年代至 20 世纪 60 年代

这一时期，农村居民点用地的研究引起了更多不同国家学者的重视，研究范围也进一步扩大，涉及居民点的形成、发展、类型等方面（陈宗兴和陈晓键，1994；郭晓东，2007；朱晓翔等，2016）。此外，对于农村居民点用地的理论也取得了突破，最具有影响力的当属德国地理学家克里斯泰勒创立的中心地理论，为中心村建设和村镇的空间布局规划等提供了科学依据（W Christaller，1933）。这一时期，人文地理学在苏联受到了批判，农村居民点的相关研究被归为人口和城市地理学之中，代表性人物有萨乌什金和科瓦列夫（金其铭，1988；科瓦列夫，1959；萨乌什金，1959）。需要指出的是，这一阶段的农村居民点用地研究仍局限于对小区域的实地考察描述。

3. 兴盛阶段，20 世纪 60 年代至 20 世纪 80 年代

该时期，在"计量革命""行为革命"等的影响下，农村居民点用地研究得到了迅速发展，研究内容日益丰富，研究方法也转向了定性和定量相结合。

1963 年，鲍顿正式提出地理学的"计量革命"口号，极大地推动了农村居民点研究的发展（郭晓东，2007；李红波和张小林，2012）。1970年，道温斯又提出人文地理学的"行为革命"口号，促进了地理学科与行为科学的交叉研究（郭晓东，2007）。此外，这一阶段相关的研究论著也不断增多，如邦斯的《都市世界的乡村聚落》、基士姆的《乡村聚落和土地利用》和哈德森的《聚落地理学》等（Bunce M，1982；Chisholm M，1968；Hudson F S，1895）。

4. 转型阶段，20世纪80年代至今

这一时期，农村居民点研究不再局限于空间分析，而是更加注重与实际问题的结合，解决农村社会经济发展过程中所面临的社会、生态等相关问题。具体的研究内容更加多元化、趋于完善，涉及农村居民点用地的模式变化、就业问题、农村贫困化、相关政策规划、农村环境等方面（Brandao et al.，2014；Cloke et al.，1995；郭晓东，2007）。

21世纪以来，国外特别是发达国家，城镇化已基本完成。因此，对农村居民点空间结构的研究较少，国外相关研究更多的是关注与农村居民点用地相关的社会化问题（Portal et al.，2016），由社会经济发展引起的农村居民点用地转型和乡村重构等方面的研究逐渐增多（Cloke，2006；Szabo et al.，2016；Woods，2008；Woods and Woods，2005）。而一些相对落后的国家也开始研究农村居民点空间变化及其相关的一些规划、发展等社会问题。例如，西班牙加利西亚地区农村居民点发展和规划的影响因素分析（Brandao et al.，2014），土耳其东南部的安纳托利亚地区的农村居民点新建工程的社会文化、结构、功能规划特征等分析（Polat and Gun，2004），巴西圣保罗地区的农村居民点发展战略问题分析（Barone and Ferrante，2012），斯洛文尼亚农村居民点空间和功能的变化分析（Topole et al.，2006），哈萨克斯坦53个社区的农村居民点用地变化分析（Conrad et al.，2015）。

综上所述，国外对于农村居民点用地的研究相对较为成熟，相关的研究内容从对农村居民点用地的空间研究，包括规模、布局、类型以及农村居民点用地与周边环境关系的定性描述等，逐步转向与农村居民点用地相关的生态、社会问题等；研究方法方面，单纯的定性描述分析已不多见，取而代之的是定性与定量相结合的分析方法。此外，多学科交叉的综合研究更是日渐盛行。

1.2.2　国内研究进展

受以白吕纳为代表的西方地理学思想的影响，我国对农村居民点的专门研究开始于 20 世纪 30 年代，从那时起至今可以划分为四个阶段：（1）萌芽阶段，20 世纪 30 年代至新中国成立以前；（2）搁浅阶段，新中国成立至改革开放以前；（3）缓慢发展阶段，改革开放至 20 世纪末；（4）快速发展阶段，21 世纪以来（陈宗兴和陈晓键，1994；海贝贝和李小建，2013；金其铭，1988；朱晓翔等，2016）。

1. 萌芽阶段：20 世纪 30 年代至新中国成立以前

这一阶段的研究主要为静态研究，多为对具体农村居民点的实地调查，并侧重于定性分析农村居民点与周边环境之间的关系。林超（1938）认为国外的农村居民点分类方法并不一定适合我国国情，故对我国农村居民点的分类方法进行了讨论。朱炳海（1939）通过对西康农村历时三个月的科学考察，发现在交通不便的地区，农业生产能力决定了人口的分布，并总结了西康山地农村居民点之分布规律，指出农村居民点之大小和分布受河流、海拔、可耕土地面积大小等地理环境的影响。陈述彭和杨利普（1943）通过对遵义地区的调查发现，房屋的分布整体上表现为：交通越便利，人口越稠密、房屋越密集；相对高度越高，人口密度、房屋密度越小；土地利用越精密，房屋密度越大。但房屋的分布的区域差异性较大，受到多种自然、经济、社会民族特性等的影响。

2. 搁浅阶段：新中国成立至改革开放以前

这一阶段的相关研究极为有限（陈宗兴和陈晓键，1994；金其铭，1988）。吴传钧在进行农村居民点等级划分时，提出了市镇度的概念，是使用定量方法进行农村居民点研究的有益尝试（何仁伟等，2012）。张同铸等（1959）对人民公社时期居民点的规划进行了研究，规划内容涉及了居民点的规模、布局、居民点内部的主要建设项目等。北京师范大学地理系三年级经济地理实习队居民点小组出于建立与人民公社时期相适应的人民公社居民点的目的，对居民点的规模和布局进行了深入的分析（北京师范大学地理系三年级经济地理实习队居民点小组，1958）。以上研究不仅适应了当时农村居民点的发展要求，更具有极大的学术价值，对于农村居民点的研究具有积极的意义。

3. 缓慢发展阶段：改革开放至 20 世纪末

这一时期，农村居民点的研究内容增多、研究范围更广，农村居民点的动态变化、农村居民点用地整理等逐渐引起关注。

金其铭对农村居民点的形成与发展，农村居民点的规模、密度、建筑结构、功能与自然环境、交通、饮用水源、耕作半径等的关系，农村居民点的类型划分等进行了系统研究（金其铭，1982，1988，1989）。

陈桥驿（1980）基于历史资料对不同历史时期绍兴地区农村居民点的形成和变化进行了分析。范少言（1994）通过分析农村居民点功能的变化，指出农业科技进步和农民对生活质量的追求是导致农村居民点空间结构变化的根本原因。尹怀庭和陈宗兴（1995）基于大比例尺地图和抽样调查对陕西农村居民点规模、密度等进行定量分析的基础上，进一步对农村居民点空间结构的形成和变化进行了探讨。但以上对于农村居民点变化的研究只是定性分析或理论探讨，缺乏定量分析。

叶艳妹和吴次芳（1998）基于对我国农村居民点用地整理潜力的分析，提出了四种农村居民点整理模式，并对典型地区的农村居民点用地整理个案进行了分析。陈美球和吴次芳（1999）认为农村居民点用地整理有助于实现乡村城镇化，并提出了农村居民点用地整理的对策。

4. 快速发展阶段：21 世纪以来

与以往依赖于实地调查不同，该时期遥感影像、航空照片、土地利用调查数据等多种新型数据的应用，为农村居民点研究的快速发展提供了可能。3S 技术的发展则为农村居民点用地研究提供了技术保障。因此，适应新时期农村居民点的发展需求，该时期农村居民点的研究得到了快速发展，研究区域更加丰富，研究尺度多样化，研究内容更加全面，方法走向定性与定量结合。在此，笔者重点对农村居民点的空间分布及影响因素研究、农村居民点变化研究、农村居民点变化驱动因素研究三个方面的相关研究进行了梳理。

（1）农村居民点的空间分布及影响因素研究。田光进等（2012）基于遥感影像数据，利用景观格局指数定量刻画了 2000 年中国农村居民点的密度、大小、空间分布等特征，并进一步采用多项式回归，分析了农村居民点密度、大小、面积标准差与降水和温度等地理环境要素之间的关系，结果表明中国农村居民点规模普遍偏小，平均斑块面积仅为 16.27 公顷，超过一半以上的居民点面积在 10 公顷以下，地理环境要素对农村居民点的影响具有显著的区域差异性。马晓冬等（2012）基于 2007 年、2008 年的 SPOT 卫星影像，在采用景观格局指数定量分析江苏省农村居民点用地的规模、形态和分布的基础上，划分了农村居民点用地的地域类型。沈陈华（2012）基于土地利用现状调查成果，采用多距离空间聚类分析（Ripley's K 函数）和缓冲区分析等方法，分析了丹阳市农村居民点空间分布的尺度特征及交通因素的影响。马利邦等（2012）发现甘谷县农村居民点的空间分布具有强烈的海拔、坡度、交通和水系指向。姜广辉等（2007）将农村居民点用地进一步细分为宅基地、村民管理机构用地、服务设施用地等，并指出区位条件和生产力水平对农村居民点用地内部结构特征差异有显著影响。任国平等（2016）利用逻辑回归模型（Logistic Regression，LR）分析了大都市郊区农村居民点空间格局与地理空间因素和社会经济因素之间的关系。

上述研究加深了我们对农村居民点用地布局的认识，但也存在一些不足。如研究方法较为单一，大部分研究均是采用了缓冲区分析的方法，分析了不同缓冲区距离上农村居民点用地布局的差异性，但缓冲区距离的设置缺乏一定的依据，具有一定的随意性。并且在农村居民点用地的影响因素方面更多地考虑了海拔、坡度、河流和道路等，对于城镇等社会经济因素的影响涉及较少。

（2）农村居民点变化研究。近年来，在快速城镇化的背景下，农村居民点的快速扩张引起了有关部门和学者的注意，尤其是景观生态学、"3S"技术、问卷调查等方法的发展，使得农村居民点用地时空变化的研究逐渐增多。根据研究的空间尺度，可以将目前农村居民点用地变化研究划分为三个层面（何英彬等，2010）。

1）全国宏观大尺度。田光进等基于从全国资源环境数据库中提取的中国农村居民点用地数据，发现20世纪90年代我国农村居民点用地的变化表现出显著的时空差异性（Tian et al., 2007；田光进，2003；田光进等，2003）。宋伟等（2014）利用国土资源部提供的土地利用调查和更新数据，在省级尺度上分析了1996～2005年我国农村居民点用地面积的变化情况。由于数据获取困难等原因，在大尺度上的农村居民点用地研究极少，并且分析时重点关注的是农村居民点用地面积的变化，缺乏全面的分析。

2）区域中尺度。该尺度上的研究成果相对较为丰富。主要利用土地利用现状图、土地利用调查及变更数据、遥感影像等数据，针对某一研究区域（地区、省、市、县），在多时间段上定量刻画农村居民点用地的变化过程。此外，还有学者进行了城乡居民点用地变化的比较研究，以及变化模式、功能变化等方面的分析。

龙花楼等（2009）基于1990年、1995年、2000年和2006年四期遥感影像解译获得的土地利用数据，分析了在社会主义新农村建设背景下苏锡常地区农村居民点用地的变化特征。杨忍等（2015）在5000米网格尺度上，分析了环渤海地区1985～2010年农村居民点用地数量和面积的动态变化。周伟等（2011）发现三峡库区农村居民点的空间分布表现出城镇和河流趋向性，并整体上呈现出规模增大、更加集聚的变化特征。王曼曼等（2016）发现 2005~2012 年盐池北部风沙区农村居民点用地规模整体缩减，集约用地程度提高，斑块形态趋向简单规则发展。

田贵全和曲凯（2008）利用遥感数据，分析了山东省 2000~2004 年农村居民点变化。蔡为民等（2004）从规模、用地、形状、分布等方面着手，定量分析了东营市 1985~2003 年农村居民点用地变化，结果表明研究期内农村居民点用地整体上表现为规模变大、数量增多、面积占比升高、分布更加密集。海贝贝等（2013）基于 1990 年和 2006 年两期土地利用现状图分析了巩义市农村居民点用地变化，发现农村居民点规模扩张明显，集约用地程度较低，但形态趋于规则。马利邦等（2012）发现 1998~2008 年甘谷县农村居民点用地斑块数量增多，用地比例升高。谈明洪和李秀彬（2013）发现尽管 19 世纪 70 年代至 2007 年北京市大兴区农村居民点用地面积扩张了近一倍，但农村居民点用地整体上仍呈均匀分布状态。张佰林等（2016）通过对农村居民点建村的时间、农户来源地所处地貌类型的分析，揭示了山东省沂水县从隋朝至 1949 年农村居民点用地的时空变化。

1980~2010 年江苏省城市用地和农村居民点用地呈现扩张，并且所有的市域中城市居民点的扩张面积均大于农村居民点用地的扩张面积（Xu et al., 2014）。武汉市城乡建设用地比由 1996 年的 1∶1.18 变为 2009 年的 1.33∶1，并且城市建设用地更加集聚，农村建设用地更加分散（Liu et al., 2015）。宁波市城市居民点的扩张主要以原地扩张为主；而农村居民点则趋向于分散和变小，景观格局也变得更加复杂和不规则（Chen and Ye, 2014）。南京市居民点增加是该区域的主要特征，但居民点也有相当大的比例减少，主要是由于绿地的增加和农村居民点面积的萎缩（Xu et al., 2010）。此外，城市边缘 4 千米的范围是居民点减少和增加的热点区域。

1978～2008 年，北京市农村居民点用地增加了 33.6%。农村居民点用地的动态变化可以分为三种模式：边缘扩张、飞地扩张以及城市占用，并以边缘扩张为主（Tian et al.，2014）。北京市典型样带远郊到近郊农村居民点土地利用结构的多样性不断增加，并且农村住宅的功能也由自住转为商、住、工业和旅游接待等多功能的综合利用（Zhu et al.，2014）。

以上分析可以发现，尽管在区域尺度上农村居民点用地的研究相对较多，但大部分研究以某一市、县等行政区划作为研究区域，研究尺度较小，对农村居民点用地区域差异性的分析不足，缺乏农村居民点用地的区域比较研究。而且目前仍没有以华北平原这个重要的自然地理单元为研究区的农村居民点用地文献。

3）小尺度。小尺度主要是指村庄尺度，该尺度上的研究经历了基于农户调查数据的定性或半定量研究到基于高分辨率航空影像数据和农户调查数据相结合的定量研究，注重分析农村居民点内部空间结构和功能的变化。

近年来，在小尺度上对典型村庄的研究逐渐增多。吴文恒等（2008）采用当面问询式访谈和 GPS 测量的方法，分析了江苏省邳州市吴楼村村庄空间格局的历史变化过程。王介勇等（2010）基于 1967 年黑白航空照片和 2008 年彩色航空正射遥感数字影像解译获得了 1967 年和 2008 年两期土地利用数据，在此基础上通过在村庄逐户调查，反演了村庄用地空间扩展的时空过程，定量分析了山东省禹城市伦镇赵庄村村庄用地的空间变化规律。原智远等（2013）借助高分辨率的黑白航空照片和谷歌地球（Google Earth）影像，结合参与试制图和半结构式农户访谈等方法，定量分析了北京市大庄户村村庄格局变化。野三坡地区的旅游型村庄苟各庄在水平和垂直维度上均有扩张，并且伴随着土地利用强度的增强，已由传统型乡村转为现代小城镇，土地功能也由原来的满足村民生活需要转为满足旅游者的需要（Xi et al.，2014，2015）。陈诚和金志丰（2015）发现工业和旅游型村庄农村居民点用地呈"飞地式"扩张，向功能多样化、形态规则化发展，农业型村庄农村居民点用地则变化相对较小，功能仍以居住为主。马恩朴等（2016）研究了西安市南郊大学城康杜村在2001~2015年的变化，发现康杜村村庄格局发生了显著变化，先后经历了4次建房高潮，并且尽管住宅仍以居住功能为主，但由自住转为自住和出租结合。

以上分析可以发现，目前村庄尺度上的研究大多是在两期高分辨率遥感影像的基础上，通过对当地农户的访谈，来反演相对较长时期内农村居民点用地的空间变化过程。该方法对于在微观尺度上分析村庄格局变化以及相应的机理分析有很大的帮助。但历史时期的高分辨率影像较少，获取难度较大，在一定程度上限制了该方法的应用。此外，该方法难以反映宏观尺度的规律特征。因此，将微观尺度的调查方法与宏观尺度研究相结合，互相补充，有待于进一步加强。

（3）农村居民点用地变化的驱动因素研究。农村居民点用地变化驱动因素研究是农村居民点用地研究的重要内容，国内相关学者对此进行了大量的探讨。农村居民点用地变化的驱动因素较多，由于分析尺度、数据可获取性等的影响，不同的学者选取的驱动因素也不相同，但主要涉及自然、社会经济、可达性、邻域、政策等方面。

姜广辉等（2007）在分析北京市山区农村居民点用地变化的驱动力时，在栅格尺度上选取了海拔、坡度2个自然因子，距道路、城镇、水系距离3个可达性因子；同时，在乡镇尺度上选取了国内生产总值、地均产值、人口密度、农民人均纯收入等13个社会经济因子。袁洁等（2009）基于农户的视角，选取的农村居民点用地面变化的影响因素包括家庭规模、家庭收入、信贷水平、对子女教育的支出、攀比心理等因素。周国华等（2011，2013）首先从理论上分析了自然环境约束、基础设施建设等因素对农村居民点变化的影响，其次根据各影响因素对农村居民点用地变化的作用方式和大小的不同，将影响因素归纳划分为基础因子、新型因子和突变因子三类。

在研究方法方面，对农村居民点变化驱动因素的分析经历了定性分析到定量分析的转变。相关研究中常用的定量分析方法包括结构方程模型、线性回归模型、Logistic 回归模型、空间回归模型、地理加权回归模型等。

范少言和陈宗兴（1994，1995）对农村居民点变化及机制进行了理论分析，认为农村居民点所发挥的功能对其选址具有较大影响，并指出农业生产新技术、新方法的应用和乡村居民对生活质量的追求是导致乡村聚落空间结构变化的根本原因。田光进（2003）分析了20世纪90年代中国农村居民点的时空变化，发现农村居民点用地受地理区位、经济发展和国家政策等的影响。

结构方程模型常用于农村居民点整理中农户意愿和满意度的调查（韩璐和徐保根，2012；李佩恩等，2016；邵子南等，2014）。王曼曼等（2016）在分析盐池北部风沙区农村居民点用地变化的影响因素时，采用了地理探测器对 11 个影响因素对农村居民点格局变化的影响进行了探测。

胡贤辉等（2007）采用因子分析法和多元回归模型，对引起农村居民点用地数量变化的社会经济驱动因素进行了定量研究。冯长春等（2012）基于2000~2008年的省级尺度上农村居民点用地面积和相关社会经济因素，采用回归分析方法，定量分析了社会经济因素对中国农村居民点用地变化的影响。苏高华等（2009）基于时间序列数据，采用灰色关联分析模型分析北京市昌平区2001~2006年农村居民点用地变化的影响因素，发现主导因素为第二、第三产业以及农业人口。袁洁等（2009）基于湖北省孝南区农户调查资料，运用回归分析方法，从农户的角度对影响农户新建住房和影响新建住房大小的因素进行了分析。

姜广辉等（2007）利用 Logistic 回归模型分析了北京市山区农村居民点变化的驱动力。舒帮荣等（2014）运用 Logistic 回归模型诊断并比较分析了陆渡镇和浏河镇农村居民点用地变化驱动因素的差异性

（Shu et al.，2014）。李婷婷等（2015）使用空间回归模型，在栅格尺度和县域尺度上分析了快速城镇化背景下农村居民点用地转型的驱动因素（Li et al.，2015）。闵婕和杨庆媛（2016）采用地理加权回归模型分析了三峡库区农村居民点用地变化的驱动机制。

需要指出的是，不同的方法各有其适用性及优缺点。结构方程模型和多元线性回归模型常用于因变量为连续性变量的回归分析，不适用于因变量为二分类变量或因变量为具有空间属性信息的情况（Eboli et al.，2012；Menard，2002；Shu et al.，2014）；Logistic 回归模型中的因变量可以为二分类变量，但无法处理空间自相关等问题，并且是一种全局回归模型（Cheng and Masser，2003；Hu and Lo，2007；Luo and Wei，2009；Shafizadeh-Moghadam and Helbich，2015）；空间回归模型将空间自相关性通过自相关项或误差项纳入方程中，但仍是一种全局回归模型（Anselin，1988；Chen et al.，2016b；Su et al.，2011；Ye and Wu，2011；Zeng et al.，2015）。地理加权回归模型是一种局部回归模型，并且在处理空间自相关性方面有一定的优势，但也存在其自身的缺点（Brunsdon et al.，1996；Fotheringham et al.，2002；Shafizadeh-Moghadam and Helbich，2015）。

综合以上分析可以发现，目前对于农村居民点用地变化驱动因素的分析中的研究视角及所采用方法较为单一，缺乏多种方法的综合运用，以及从全局和局部两个视角的综合分析。

1.3 研究方案

1.3.1 研究目标

本书以华北平原作为研究区，基于两期遥感影像数据、社会经济数据和 3S 技术的支撑，应用空间分析、缓冲区分析、Logistic 回归模型、空间回归模型和地理加权回归模型等方法，从农村居民点用地的规模、形态、分布等基本特征以及城镇趋向性、道路趋向性和河流趋向性等空间结构特征两大方面，系统分析农村居民点用地空间分布格局及其变化特征的区域差异。在此基础上，进一步深入分析距城镇中心、道路距离等地理方面的决定因素以及人口、GDP、农民人均纯收入等社会经济因素，对农村居民点用地空间布局的影响和对农村居民点用地变化的驱动机制。最后，根据不同类型农村居民点的用地特征及存在的问题，提出农村居民点调控的方向，以期为华北平原农村居民点用地规模和布局管控提供科学依据，丰富农村居民点用地变化及驱动力分析等相关研究的理论和方法。

1.3.2 研究内容

1. 农村居民点用地现状分析

基于遥感影像解译获取的农村居民点用地现状数据，利用 GIS 的空间分析统计技术，定量刻画农村居民点用地的基本特征和空间结构特征，并在县域尺度上进一步比较其区域差异性。

2. 农村居民点用地变化分析

基于遥感影像解译获取的 1990 年和 2015 年两期农村居民点用地空间分布图，采用与现状分析相同的方法，分别统计分析两期农村居民点用地的基本特征和空间结构特征。在此基础上，通过比较分析可知 1990～2015 年农村居民点用地的变化特征及其区域差异性。

3. 农村居民点用地空间分布的影响因素分析

基于遥感解译结果，制作 Logistic 回归分析所需的华北平原土地利用图。将基于参考文献分析所选取的地理决定因素进行空间量化。然后，利用 Logistic 回归模型定量分析各影响因素对农村居民点

用地空间分布的影响，明确影响农村居民点用地空间分布的主导
因素。

4. 农村居民点用地变化的驱动力分析

借鉴通过大量国内外相关文献，本书分别在网格尺度和县域尺度
选择合适的农村居民点用地变化的地理决定因子和社会经济驱动因
子，采用空间回归模型和地理加权回归模型，在网格尺度和县域尺度
上定量分析农村居民点用地面积变化与相关驱动因素之间的关系，比
较不同驱动因素对农村居民点用地面积变化的影响力大小差异及其在
空间上的区域差异性。

5. 农村居民点用地规模和布局管控的对策建议

根据农村居民点的规模和布局特征，划分华北平原农村居民点用
地类型，分析不同类型农村居民点用地的主要特征及其存在的主要问
题，据此提出不同类型农村居民点用地管控的方向建议。

1.3.3 技术路线

本书的技术路线见图 1 – 1。

1. 研究范围的确定

收集覆盖中国分辨率为 1 千米的 DEM 数据以及县级行政区划数
据，在确保县级行政区划完整性的前提下，根据 1 千米分辨率的 DEM
数据初步粗略确立华北平原大体范围；收集 1990 年和 2015 年覆盖研
究区的 Landsat 4、Landsat 5、Landsat 8 遥感影像数据，并将其导入
ArcGIS 中，叠加初步确立的研究区范围，对研究区边界进行进一步的
精确调整。将边界上县域内大部分为山地并显著影响农村居民点用地
空间分布的县域，从初步确立的研究范围中予以删除。此外，考虑到
本书的研究目的，将处于初步研究范围边缘且城镇化水平较高的市辖
区剔除。据此得到最终的研究范围。

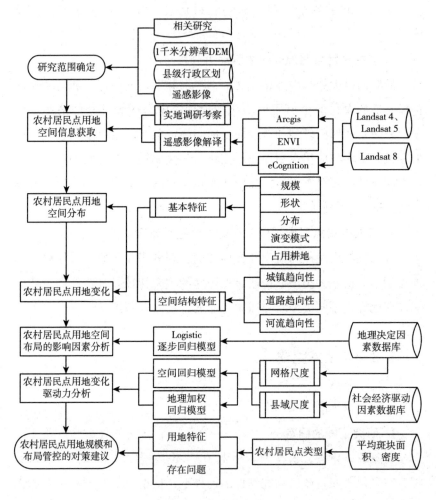

图 1-1　本书技术路线

2. 农村居民点用地空间信息获取

在确立了华北平原空间范围之后，开始着手准备研究所需的农村居民点用地数据。首先，进行了实地调研考察，加深了对农村居民点用地的认识。其次，在对照同时期的谷歌地球影像，熟悉 Landsat 遥感影像上各地类影像特征的基础上，借助 ArcGIS10.1、eCognition8.9 和 ENVI5.1 等软件，采用面向对象的机器自动解译和人工目视解译相结合的方法，对华北平原范围内的遥感影像进行解译，最后获得华北平原农村居民点用地的空间分布信息。

3. 农村居民点用地空间分布格局与变化分析

基于农村居民点用地空间分布图，利用 ArcGIS10.1 的空间统计分析功能，计算农村居民点用地斑块数量、平均斑块面积、密度和形状指数等景观格局指数和空间指数，定量刻画农村居民点用地的规模、形态、空间分布特征等。收集城镇、道路和河流的空间分布图，结合农村居民点用地空间分布图，采用缓冲区分析法，定量分析城镇趋向性、道路趋向性和河流趋向性等空间结构特征。在此基础上，利用 ArcGIS10.1 的空间叠加分析功能，可进一步分析农村居民点用地的变化特征。

4. 农村居民点用地空间分布的影响因素

参考相关研究，选取距城镇中心距离、距道路距离以及气温、降雨量等空间决定因素，采用 Logistic 逐步回归模型，识别对农村居民点用地空间分布具有显著影响的因素，并通过标准化回归系数的相对大小来判断影响农村居民点用地分布的主导因素。

5. 农村居民点用地变化的驱动力分析

分别在网格尺度和县域尺度上分析农村居民点用地变化的驱动力。在网格尺度上，参考以往相关研究，结合华北平原实际情况和数据可获取性，从自然、区位和可达性 3 个方面，选取了 10 个地理决定因素，并采用空间回归和地理加权回归相结合的方法，分别从全局视角和局部视角分析农村居民点用地变化的驱动力。在全局的角度上，分析不同驱动力对农村居民点用地变化的作用差异；从局部角度，比较分析同一驱动因素对农村居民点用地变化影响的区域差异性；在县域尺度上，则选取了城镇化率、乡村人口、GDP、农民人均纯收入等社会经济因素作为驱动力，同样采用空间回归和地理加权回归模型进行相关驱动力的分析。

6. 农村居民点用地规模和布局管控的对策建议

在以上分析的基础上，根据华北平原农村居民点用地的主要特征，选取能够反映华北平原农村居民点用地主要特征区域差异性的性状指标，作为农村居民点类型划分依据，将华北平原农村居民点用地划分为不同的类型，进一步结合实地调研情况，深入分析不同类型农村居民点用地的主要特征及存在问题，并提出相应的调控方向建议。

2

数据来源与研究方法

2.1 研究区概况

广义的华北平原又称黄淮海平原，主要是在黄河、淮河和海河三大河流的共同作用下形成的地貌单元，位于中国东部，介于北纬32°~40°、东经114°~121°，但其具体的空间范围并没有明确的界定。以往关于华北平原的相关研究中，所使用的华北平原的空间范围不尽相同，甚至有较大差异。

基于本书的研究目的，本书中华北平原空间范围是参考广义华北平原的基础上，综合利用1千米分辨率的DEM数据、县级行政区划数据和遥感影像数据综合确定的，它位于北纬32°16′50″~40°5′18″和东经112°33′43″~119°52′21″，跨越北京市、天津市、河北省、山东省、河南省、安徽省和江苏省7个省市，共包含240个县级行政单元，总面积约为26万平方千米。

2.1.1 自然概况

华北平原地势平坦，自西向东平缓微斜，大部分地区海拔均在50米以下，平均海拔仅为34米。由于华北平原的空间跨度较大，东西横跨 670 多千米, 南北跨度约为 860 千米, 导致华北平原降水量和气温南北差距明显, 年均降水量和气温分别为 449 ~ 1029 毫米和 11.1° ~ 15.9°, 整体上均呈现出由北往南递增的趋势。华北平原属于暖温带季风气候, 四季变化明显。冬季寒冷干燥, 夏季高温多雨, 雨热同期, 再加上土壤肥沃, 水资源丰富, 为农作物生长创造了良好的生长条件, 大多数农作物为两年三熟或一年两熟。这也使华北平原成为我国重要的粮棉油生产基地。

2.1.2 社会经济概况

华北平原交通网络发达, 铁路、公路、航空路线密集, 水网密布, 经济发达, 历来就是我国的政治、经济、文化、交通中心。华北平原是我国人口密度最高的地区之一, 平原上城镇村密布, 城镇化水平高达 49.54%。主要城市包括北京市、天津市、石家庄市、郑州市等, 但由于这些城市的市区城镇化水平均已很高, 农村居民点较少, 因此这些城市的市辖区, 尤其是处于华北平原边界上的市辖区并未包含在本书研究范围内。例如, 对于北京市而言, 本书研究区仅包含了朝阳区、大兴区和通州区; 对于济南市, 则仅包括了济阳县和商河县; 对于郑州市, 仅包括了中牟县; 同样对于石家庄市、保定市等也仅包含了部分县域, 并未包含城镇化水平较高的市辖区等。

针对上述约束条件确定的华北平原范围所涵盖的 240 个县级行政单元, 从中国经济与社会发展统计数据库中搜集相应的社会经济数据。经统计, 2013 年该区域总人口约为 1.90 亿人, 人口密度高达 746 人/平方千米。其中, 农村人口 1.44 亿人, 约占该区域总人口的 75.84%。该区域 GDP 高达 65246 亿元。其中, 第一产业生产总值为 7199 亿元, 第二产业产值为 32235 亿元。农民人均纯收入为 8570 元。尽管改革开放以来, 华北平原社会经济发展迅速, 工业化和城镇化水平均有大幅度提高, 但华北平原仍有大量农村居民点, 并广泛分布在平原上，华北平原农村居民点用地的总量约占全国农村居民点用地总量的31.44%（田光进，2003）。相比其他地区，华北平原农村居民点用地密度和用地比重均较高（Tian et al., 2012）。

2.2 数据来源及处理平台

本书中所用到的数据主要包括空间数据和社会经济数据两大类。其中，空间数据主要包括DEM、遥感影像、河流专题图、道路专题图、各级城镇中心空间位置图以及气象站点数据等；社会经济数据主要包括人口、农民人均纯收入、GDP等。

DEM 数据来自地理空间数据云（http：//www. gscloud. cn/）；Landsat 4、Landsat 5 和 Landsat 8 遥感影像下载自 USGS 数据中心（http：//glovis. usgs. gov/），采用 RGB 方法合成，空间分辨率为30米；河流专题图由地球系统科学数据共享网（http：//www. geodata. cn/）提供；道路专题图及各城镇中心空间位置图提取自中国电子地图；气象站点数据从中国气象数据网（http：//data. cma. cn/）获得。社会经济数据是从中国经济与社会发展统计数据库（http：//tongji. cnki. net/kns55/Navi/NaviDefault. aspx）中相关的统计年鉴中获取，主要包括各年度《中国县域统计年鉴》《区域经济统计年鉴》《中国城市统计年鉴》以及华北平原各省市所对应的统计年鉴，如《北京统计年鉴》《河北经济年鉴》《山东统计年鉴》等。

本书中所用到的软件及其主要用途如下：

ENVI 5.1 主要用于遥感影像的合成和感兴趣区的提取；

ECognition Developer 8.9.0 主要用于遥感影像的自动解译；

ArcGIS 10.1 主要用于遥感影像的解译后处理及空间数据分析和制图、全局空间自相关性分析等；

SPSS 22 主要用于描述性统计分析、线性逐步回归分析、Logistic 逐步回归分析；

Geoda 1.8.1.0 主要用于空间回归分析、局部空间自相关性分析等；

GWR 4.0 主要用于地理加权回归分析。

2.3　研究方法

2.3.1　实地调研考察

实地调研考察可以加深对农村居民点用地空间特征及布局的认识，通过与当地有关部门和村民的座谈、访谈和交流等，还可以进一步深入了解当地农村居民点用地变化的历史过程及相关的影响因素。这对于后续的遥感解译工作及相关的研究分析均有较大帮助。

江苏省既包括相对落后的苏北地区，又包括经济发达的苏锡常等地区。城镇化过程中其乡村发展经历了多次转型，部分发达地区形成了其独特的发展模式，如苏南模式（Du et al., 2014, Long et al., 2009, 陈晓华和张小林，2008，费孝通，1996）；相对落后的地区也积累了一定的经验教训；其发展过程，在一定程度上可以说是中国改革开放的一个缩影。而且考虑到笔者学习生活均是在华北平原北部地区，对于华北平原北部的农村居民点用地具有一定的了解。此外，笔者前期通过对遥感影像和 Google Earth 影像的初步判读，发现位于华北平原南部的江苏省的农村居民点用地普遍较小且较为分散，在进行该部分的农村居民点用地解译时难度较大。因此，对江苏省部分区域进行了实地调研考察。

2015 年 1 月，笔者以江苏省淮安市为起点，途经盐城市、泰州市、扬州市，最终到达镇江市，对沿途的农村居民点进行了实地调研考察，并对淮安市涟水县梁岔镇进行了重点调研和座谈。通过实地调研考察，对农村居民点的形态、分布特征等有了初步认识（见图2-1）。

图2-1　实地调研情况

资料来源：笔者拍摄。

2.3.2　农村居民点用地空间信息获取

农村居民点用地是指镇以下的农村居住用地，以住宅用地为主。但在乡村转型发展和农村居民点用地多功能利用的影响下，在农村居民点内部也出现一些商业用地和工业用地等。本书并不深究农村居民点内部用地分类，而是将一块农村居民点用地作为一个图斑，在地图上体现为以农户住宅用地为主体的建设用地的空间范围。

在实地调研考察的基础上，进行了华北平原农村居民点用地的遥感解译工作。其中，农村居民点用地空间信息获取的技术流程见图2-2，下文将会进行详细阐述。

1. 遥感影像获取

遥感影像的质量将会影响分类结果的精度。选取遥感影像时，主要考虑空间位置、时间、含云量和地类之间的区分度四个方面的影响（见图2-2）。首先，根据所要解译的农村居民点所属的县域确定所需影像的行列号；其次，考虑到同一景像在一年内的不同时期，由于植被的生长变化等造成影像特征差别较大，因而需要选择合适日期的影像。对于本研究区而言，7月、8月时农村居民点用地和其他地类之间的区分度较好，因此优先选取这两个月份的影像。最后，如果影像含云量较高，地面被云层及其阴影所遮挡部分的影像则质量较低甚至无法利用，因此应尽量选择含云量低的遥感影像。基于以上基本原则，最终获取的用于1990年和2015年农村居民点用地解译的遥感影像分别有32景和27景，其影像基本信息见表2-1。

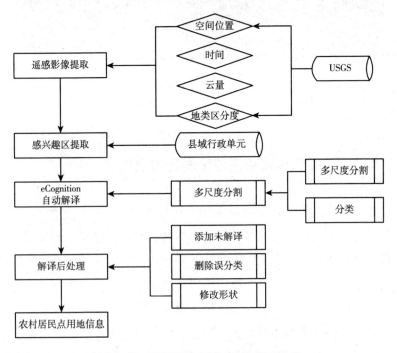

图2-2 农村居民点用地信息获取流程

资料来源：笔者根据研究内容自制。

2. 遥感影像裁切

考虑到不同景影像的时相差距较大（苏世亮，2013），而且覆盖整个华北平原所需遥感影像的景数也较多，数据量较大。因此，为了提高遥感解译的精度和工作效率，本书在进行农村居民点用地解译过程中，采取分景解译的方法。另外，一景影像质量可能也不均一，部分区域可能因被云层覆盖而无法利用。在此，进一步利用县级行政单元对经过合成的影像进行裁切。经过裁切之后的遥感影像将被用于农村居民点用地的解译。

表2-1　　　　　　　　　　　本研究中所使用遥感影像信息

1990 年所使用数据的数据标识	2015 年所使用数据的数据标识
LT51200361991243BJC00	LC81200362013239LGN00
LT51210331991234HAJ00	LC81200362015133LGN00
LT51210341991266BJC00	LC81210342014201LGN00
LT51210341992237BJC01	LC81210362014121LGN00
LT51210361987223BJC00	LC81210372013214LGN00
LT51210371987223BJC00	LC81210372014121LGN00
LT51210371995245CLT00	LC81230322014231LGN00
LT51220331990254HAJ00	LC81220322014224LGN00
LT51220331992212HAJ01	LC81220342013205LGN00
LT51220341992292BJC00	LC81220352013205LGN00
LT51220351987262BJC00	LC81220352013237LGN00
LT51220361987262BJC00	LC81220362013205LGN00
LT51220371987262BJC00	LC81220372013205LGN00
LT51220371992292BJC00	LC81220372013221LGN00
LT51230321992251BJC01	LC81220372015211LGN00
LT51230331987237BJC00	LC81230332014231LGN00
LT51230331991232HAJ00	LC81230342015250LGN00
LT51230331992251BJC01	LC81230352015250LGN00
LT51230341990245BJC00	LC81230362013228LGN00
LT51230351990245BJC00	LC81230362015250LGN00

1990 年所使用数据的数据标识	2015 年所使用数据的数据标识
LT51230361990245BJC00	LC81230372015234LGN00
LT51230361994224BJC00	LC81240332014222LGN00
LT51230361996230CLT00	LC81240342015225LGN00
LT51230371990245BJC00	LC81240352014222LGN00
LT51230371994224BJC00	LC81240362013219LGN00
LT51230381994224BJC00	LC81240362014206LGN00
LT51240331987212BJC00	LC81240362015257LGN00
LT51240341987212BJC00	—
LT51240351992210BJC01	—
LT51240361992290BJC00	—
LT51240361995186BJC00	—
LT51240371987260BJC00	—

资料来源：笔者汇总。

3. 基于 eCognition 的农村居民点用地信息自动提取

ENVI 5.1 和 eCognition 8.9 是经常用于遥感解译的软件，本书在经过大量的试验对比之后，发现 eCognition 8.9 的解译效果，尤其是分割效果明显优于 ENVI 5.1 软件。因此，本书使用 eCognition 8.9 软件，采用面向对象和目视解译相结合的方法进行农村居民点用地解译。

基于 eCognition 的农村居民点用地信息自动提取主要包括两步，即建立土地利用分类体系以及分割和分类。首先，根据华北平原土地利用及遥感影像特征，初步建立了以耕地、林草地、城乡居民点用地、道路、水域和裸地等土地利用类型为主的分类体系，并结合解译范围实际情况及遥感影像特征，灵活适当增加其他土地利用类型。其次，在此基础上进行多尺度分割和分类。在进行多尺度分割时，多尺度分割系数尤为重要，因为它将会影响解译的精度和工作量。针对本书的研究目的，在经过多次反复试错实验之后，依据精准分割不同地类且属于同一地类的单独斑块尽量完整的两个判断标准，发现对于

Landsat 8 影像而言，当多尺度分割系数设置为 125～130 时，分割效果较好；而对于 Landsat 4、Landsat 5 影像，多尺度分割系数在 12～15 时，分割结果较为理想。分类过程中，以对象特征的均值作为分类描述特征，并采用最邻近法进行分类。重复以上过程，获得了初步的华北平原土地利用类型图。通过属性选择，提取获得城乡居民点图层。然后结合城镇点的空间位置分布图，将城镇用地从城乡居民点图层中删除，便可以获得初步的农村居民点用地解译结果。

4. 解译后处理

对于以上解译获取的初步农村居民点用地解译结果还需要进行人工修改，这一过程最耗时耗力。人工修改的基本原则是，以遥感影像为准修改相应的农村居民点用地初步解译结果，主要包括三个方面的工作。（1）增加遥感影像上显示为农村居民点用地，但未包含在初步解译结果中的农村居民点用地；（2）删除遥感影像上显示为非农村居民点用地，但包含在初步解译结果中的农村居民点用地；（3）对于部分初步解译结果中不准确的农村居民点用地图斑，需要进一步调整农村居民点用地图斑的形状。

经过以上处理过程，笔者最终得到了华北平原农村居民点用地的空间分布图。需要说明的是，由于所采用遥感影像空间分辨率为 30 米，因此，对于边长较小（如边长在 30～50 米及 30 米以下）的农村居民点用地的解译效果欠佳。然而，华北平原人口密集，农户居住集中，农村居民点规模总体较大。边长较小的农村居民点所占比例非常有限。此外，本书中农村居民点的最小上图面积为 0.0144 平方千米。经验证，本书中农村居民点解译精度在 95% 以上。

2.3.3　Moran's I

Moran's I 是经典的空间自相关性指标（Moran，1947），常被用于刻画数据的空间分布特征以及比较不同模型的优劣（Hu et al.，2016；

Moran, 1950; Zeng et al., 2016)。其公式如下:

$$\text{Moran's I} = \left(\frac{n}{\sum\limits_{i=1}^{n}\sum\limits_{j=1}^{n} w_{ij}} \right) \left(\frac{\sum\limits_{i=1}^{n}\sum\limits_{j=1}^{n} w_{ij}(x_i - \bar{x})(x_j - \bar{x})}{\sum\limits_{i=1}^{n}(x_i - \bar{x})^2} \right) \quad (2-1)$$

式 (2-1) 中,n 为观察点数量,x_i 和 x_j 分别为在位置 i 和 j 上的观察值,$\bar{x}$ 为所有观察值的均值,w_{ij} 为空间权重矩阵。

Moran's I 的取值范围介于 -1 和 1 之间,取值为 1 表示完全正空间自相关,取值为 -1 则表示完全负的空间自相关,取值为 0 则意味着空间随机分布,其绝对值越大表明空间自相关性越强。

局部 Moran's I 可以刻画空间数据的局部自相关性,计算公式如下 (Luc, 1995; Su et al, 2011a; 许尔琪, 2015):

$$\text{Moran's I}_l = \frac{x_i - \bar{x}}{\sigma} \sum_{j=1}^{n} w_{ij}(x_i - \bar{x}) \quad (2-2)$$

式 (2-2) 中,σ 为 x_i 的标准差。

局部 Moran's I 将空间聚类关系分为"高—高""低—低""高—低""低—高"相关的四种。其中,"高—高"聚类表示属性为高值的单元格周边单元格的属性也为高值;"高—低"聚类表示属性为高值的单元格由属性为低值的单元格所包围;依此类推。

2.3.4 二分类的 Logistic 回归模型

二分类的 Logistic 回归模型是一种对二分类因变量进行回归分析的非线性统计分析方法 (Menard, 2002)。本书应用二分类的 Logistic 回归模型来分析农村居民点用地空间布局的影响因素,其公式如下:

$$P = \exp(\beta_0 + \sum_{i=1}^{m} \beta_i x_i) / [1 + \exp(\beta_0 + \sum_{i=1}^{m} \beta_i x_i)] \quad (2-3)$$

$$Y = \ln\left(\frac{P}{1-P}\right) = \beta_0 + \beta_1 x_1 + \cdots + \beta_i x_i \qquad (2-4)$$

式（2-3）和式（2-4）中，因变量 Y 是二分类变量，即因变量的取值只能是 0 或 1。相应的，本书中空间某一点如果是农村居民点用地，其取值则为 1，否则为 0。x_i 为自变量，即本书中选取的各潜在影响因素。β_0 为常数项，β_i 为回归系数，经过标准化之后的回归系数，其值的相对大小可用于比较各影响因素对于因变量影响程度的差异。

2.3.5 普通最小二乘法回归模型

为了体现空间回归模型在应对空间自相关性方面的优越性以及地理加权回归模型在处理空间自相关和空间差异性方面的能力，采用普通最小二乘法回归模型来模拟农村居民点用地面积变化及地理决定因素之间的关系，以作为参照（Anselin，1988；Luo and Wei，2009；Su et al.，2011）。

普通最小二乘法回归模型中因变量是一系列自变量和误差项的线性组合（Li et al.，2015）。其公式如下：

$$y_i = \beta_0 + \sum_k \beta_k x_{ik} + \varepsilon_i \qquad (2-5)$$

式（2-5）中，y_i 为因变量，β_0 为常数项，x_{ik} 白变量，β_k 为自变量 x_{ik} 所对应的回归系数，ε_i 为符合正态分布的误差项。

2.3.6 空间回归模型

空间回归模型将用于农村居民点用地变化的驱动力分析。空间回归模型包括空间滞后模型和空间误差模型（Anselin，1988；Menard，2002；Su et al.，2011）。其中，空间滞后模型方程如下：

$$Y = \rho WY + X\beta + \varepsilon \qquad (2-6)$$

式（2-6）中，Y 为因变量，对应本书中各网格或县域单元内农村居民点用地面积变化值；X 为一系列的解释变量，即本书中网格尺度上的地理决定因素或县域尺度上的社会经济因素；β 为解释变量对应的回归系数；ρ 为空间自回归系数，其值的大小反映了在多大程度上因变量 Y 的变化是由相邻的观察值所影响的；W 为空间权重矩阵；ε 是模型的误差项。

不同于空间滞后模型，空间误差模型通过误差项将空间依赖性纳入回归方程。空间误差模型如下：

$$Y = X\beta + \varepsilon, \varepsilon = \lambda W\varepsilon + \mu \qquad (2-7)$$

式（2-7）中，λ 为空间自回归系数，其值反映了邻域中残差对观察点残差的影响；μ 为残差；ρ 和 λ 的主要区别在于空间相关性纳入回归方程的方式不同。

空间滞后回归模型和空间误差回归模型均是在 GeoDa 1.8 中完成的（Anselin et al., 2006）。

2.3.7 地理加权回归模型

本书还使用了地理加权回归模型（GWR）分析农村居民点用地变化驱动力。地理加权回归模型是在传统回归模型的基础上进行的扩展。不同于传统回归模型使用全部数据集来拟合一个回归方程，它使用子数据集对每个观察点分别进行数据拟合（Brunsdon et al., 1996；Fotheringham et al., 2002）。其公式如下：

$$y_i = \beta_0(u_i, v_i) + \sum_k \beta_k(u_i, v_i) x_{ik} + \varepsilon \qquad (2-8)$$

式（2-8）中，(u_i, v_i) 表示观察点 i 的空间坐标，$\beta_0(u_i, v_i)$ 为观察点 i 的截距，x_{ik} 为观察点 i 上的第 k 个自变量，$\beta_k(u_i, v_i)$ 为观察点 i 上自变量 x_{ik} 的回归系数，ε 为随机误差项。

在参数估计过程中，GWR 依据距离衰减效应来确定各相邻点对回归点的影响大小。即距离回归点越近的相邻点对回归点的影响越大，距离越远其影响越小。固定核函数和自适应核函数是计算空间权重常用的两种方法。其中，固定核函数应用一个最优的波长，即一个固定长度带宽。然而，当空间数据在空间上分布不均匀，尤其是密度差异较大时，这种方法可能会存在一定问题（Luo and Wei，2009；Mcmillen，2004）。而自适应核函数则应用一个固定数量的相邻点，相比之下具有一定的优势。因此，参考相关研究（Luo and Wei，2009；Shafizadeh-Moghadam and Helbich，2015），本书采用自适应核函数来计算空间权重。自适应核函数公式如下：

$$w_{ij} = \begin{cases} \left[1 - \left(\dfrac{d_{ij}}{b} \right)^2 \right]^2 & if \ d_{ij} < b \\ 0 & if \ d_{ij} > b \end{cases} \qquad (2-9)$$

式（2-9）中，b 为波长，d_{ij} 为观察点 i 和相邻点 j 之间的距离。本书中依据 AIC 来选择最优波长，即 AIC 最小时的波长作为最优波长（Guo et al.，2008）。

3

农村居民点用地现状特征

3.1 基本特征分析

3.1.1 指标选取

景观生态学方法尽管存在一定的局限性,但在许多领域都得到了广泛的应用,并取得了良好的效果。景观格局指数众多,并且很多指标之间具有相似性。因此,选择合适的指标来反映景观格局显得尤为重要。在城乡居民点相关研究中,不同的学者选择的指标不尽相同,且分类的表述也有所差别(Li et al., 2013;Qu et al., 2014;Seto and Fragkias, 2005;Tian et al., 2011;Wu et al., 2011;Zhou et al., 2014)。例如,用斑块数量和斑块密度来表征破碎程度,用最大斑块指数来表征聚集度,用形状指数和边缘密度来表征形状的复杂性(Xu and Min, 2013);从斑块的连接性、形状的复杂性、斑块大小和破碎度四个方面分别选取了平均欧式最邻近距离、面积加权平均形状指数、面积加权平均斑块面积、斑块密度以及边缘密度等指标来反映城市景观特征(Aguilera-Benavente et al., 2014);而蔡为民等(2004)则从农村居民点的规模、用地、分布和形状四个方面选取了 11 个指标刻画了东营市农村居民点的景观格局。由此可以看出,相同的指标可能会被用来反映不同的景观特征，相同的景观特征也可能用不同的指标来代表。这些指标的表述术语等方面的差别，主要是侧重点和角度的不同而造成的。但不同学者在选取指标时的主导思想都是相似的，即尽量利用简单的指标，准确全面地刻画景观格局特征。

在借鉴以往研究的基础上，本书从规模、形状和分布三个方面共选取了9个指标来刻画华北平原农村居民点的景观格局特征。其中，表征农村居民点规模的指标中，斑块数量、斑块总面积、斑块总面积占华北平原总面积的比例（面积占比）反映了华北平原农村居民点用地的整体规模；而平均斑块面积、最大斑块面积和斑块面积标准差则是反映单个农村居民点用地规模特征的指标；人均农村居民点用地面积则用来反映人均用地规模的集约水平；量化农村居民点用地形状的指标为平均形状指数；农村居民点密度则体现了农村居民点用地的分布特征。

3.1.2 规模特征

1. 总体规模特征

2015年华北平原共有144941个农村居民点用地斑块，总面积为26214.23平方千米，占华北平原总面积的比重为10.30%。在县域尺度上，农村居民点用地斑块的数量、面积及其占县域总面积的比重差异均较大，且空间分布差异明显。

华北平原县域内农村居民点用地斑块数量的最大值为2211个，县均农村居民点用地斑块数量为604个。县域内农村居民点用地斑块数量的空间分布，整体上呈现出"省际差异明显，由西北向东南依次过渡递增"的特征。

对于黄河以北的地区而言，大部分县域内农村居民点用地斑块数量均少于604个。尤其是河北省廊坊、保定、石家庄、邢台和邯郸境内的县域，农村居民点用地斑块数量较少，并形成一个低值带，该区域县域内农村居民点用地斑块数量均低于 285 个。县域面积普遍较小，农村居民居住较为集中，农村居民点用地斑块规模相对较大，分布相对较为稀疏等，是该区域农村居民点用地斑块数量较少的主要原因。例如，河北省石家庄市深泽县县域面积仅为 314 平方千米，县域内单个村庄聚集人口数在 2000 人左右，农村居民点用地平均斑块面积为 0.47 平方千米，而农村居民点用地斑块数量仅有 77 个，是农村居民点用地斑块数量最少的县。而山东省德州市、济南市、滨州市和聊城市境内的大部分县域农村居民点数量相对较多，为 605～1027 个。黄河以北的其他大部分县域，农村居民点用地斑块数量为 286～604 个。

相比黄河以北的县域，黄河以南的县域内农村居民点用地斑块数量较多，大部分多于 605 个；仅山东省济宁市和河南省焦作市、新乡市、漯河市和许昌市部分县域，农村居民点用地斑块数量相对较少，为 286～604 个。而安徽省阜阳市、亳州市和淮北市境内的县域，则集聚在一起形成一个高值区，该区域县域内农村居民点用地斑块数量均在 1618 个以上。县域面积较大，农户居住聚集程度低，农村居民点平均斑块规模较小，农村居民点密度高等导致了该区域县域内农村居民点用地斑块数量较多。例如，安徽省亳州市利辛县的县域面积高达 2054 平方千米，而农村居民点用地平均斑块面积仅为 0.10 平方千米，但农村居民点用地斑块数量却高达 2211 个，是农村居民点用地斑块数量最多的县。

县域内农村居民点用地斑块总面积的最大值高达 329.43 平方千米，均值为 109.23 平方千米。县域农村居民点用地斑块总面积的空间分布，整体上也呈现出"南多北少"的空间格局，黄河南北县域之间差异大是其主要特征。

黄河以北的 143 个县域中，仅 22 个县域内农村居民点用地斑块总面积大于华北平原均值，主要零散分布在山东省聊城市、河北省唐山市以及京津交界处等地；而 85% 的县域内农村居民点用地斑块总面积均小于华北平原均值，其中，有 56 个县域农村居民点用地斑块总面积低于 60.46 平方千米。主要分布在河北省境内。而黄河以南的 97 个县域中，70% 的县域农村居民点用地斑块总面积均大于 109.23 平方千米，尤其是安徽省阜阳市、亳州市、淮北市、宿州市以及江苏省徐州市的大部分县域，其县域内农村居民点用地斑块总面积均高于 204.20 平方千米。而农村居民点用地斑块总面积小于 109.23 平方千米的县域仅在山东省济宁市较为集中。

县域内农村居民点用地斑块总面积占县域总面积比例（面积占比）的最大值高达 17.81%，均值为 10.12%。华北平原县域农村居民点用地面积占比，总体上也呈现出南高北低的特征。

具体而言，面积占比低于 5.88% 的县域数量很少，分布较零散，仅在环渤海湾地区相对集中。根据农村居民点用地面积占比很低的原因，可以将这些县域分为两种。一种是城镇化驱动型，由于城镇化水平较高，使得农村居民点用地面积占比较低，如北京市朝阳区、天津市辖区、天津市滨海新区、河南省周口市辖区和濮阳市辖区等。另一种是自然条件限制型，如由于靠近渤海，土壤中含盐量较高，使土地的产出能力有限，再加上出于安全等因素的考虑，使河北省黄骅市、海兴县和山东省无棣县、沾化区、垦利区等县域内农村居民点用地面积比重很低；而山东省济宁市微山县、江苏省宿迁市泗洪县则是由于县域内河流、湖泊等水域面积较大，导致农村居民点用地面积比重很低。农村居民点用地面积占比在 5.89% ~ 8.92% 的县域，主要集中分布在黄河以北的冀鲁交界处，包括河北省沧州市、衡水市和邢台市的大部分县域以及山东省德州市和滨州市的大部分县域。面积占比大于 13.77% 的县域在豫皖交界处较为集中，主要是河南省周口市、商丘市和安徽省阜阳市的大部分县域。其余大部分县域农村居民点面积占比区间为 8.93% ~ 13.76%。

2. 单个斑块规模特征

华北平原单个农村居民点用地的平均斑块面积为 0.18 平方千米，

最大面积为 8.08 平方千米，面积标准差为 0.23。

从县级尺度上来看，县域内农村居民点用地的平均斑块面积的最大值为 0.73 平方千米，均值为 0.23 平方千米。县域内农村居民点用地平均斑块面积的空间分布呈现出"南低北高"的特征，农村居民点用地平均斑块面积大于 0.23 平方千米的县域，绝大部分位于黄河以北的京津冀地区。

黄河以南的县域农村居民点用地平均斑块面积及县域之间的差异均较小，大部分县域农村居民点用地平均斑块面积小于 0.23 平方千米。其中，河南省驻马店市遂平县、平舆县、汝南县、新蔡县、正阳县，安徽省亳州市涡阳县、蒙城县、利辛县，以及江苏省宿迁市市辖区、沭阳县、泗阳县、泗洪县等县域的农村居民点平均斑块面积甚至小于 0.14 平方千米。相比之下，黄河以北的县域农村居民点用地平均斑块面积及其在县域之间的差异均较大。河北省石家庄市和保定市的部分县域农村居民点平均斑块面积甚至高达 0.73 平方千米。农村居民点平均斑块面积小于 0.14 平方千米的县域主要聚集在山东省德州市、济南市和滨州市交界处。河北省衡水市和山东省聊城市境内的大部分县域农村居民点平均斑块面积在 0.15～0.22 平方千米。黄河以北的其他大部分县域农村居民点平均斑块面积则在 0.23～0.40 平方千米。

县域内农村居民点用地的最大斑块面积在 0.50～8.08 平方千米，均值为 2.46 平方千米。华北平原不同县域内农村居民点用地最大斑块面积的差距较大，并且空间分布相对较为复杂。华北平原中共有 140 个县市，即 58% 县市的农村居民点用地最大斑块面积小于华北平原均值，并且在黄河以北和黄河以南地区均有大量分布；而农村居民点用地最大斑块面积大于华北平原均值的县市数量相对较少，共 100 个，主要集中于华北平原北部的京津地区，这反映了该区域农村居民点用地规模大、分布相对较为集聚。

县域尺度上，农村居民点用地斑块的面积标准差的最大值为

0.88，均值为0.25。县域农村居民点用地斑块面积标准差的空间分布相对复杂，但整体上呈现"北高南低"的特征。面积标准差大于0.51的县域仅有14个，在河北省保定市和天津市相对集聚。面积标准差为0.33~0.50的县域数量也相对较少，主要分布在京津冀地区。面积标准差为0.22~0.32的县域数量最多，共有88个，分布范围也较广，在黄河以南和黄河以北均有分布。面积标准差为0.14~0.21的县域数量也较多，共有82个，主要分布在黄河以南的地区，但在河北省衡水市，山东省聊城市，河南省濮阳市和安阳市也有集中分布。面积标准差低于0.13的县域数量较少，在山东省德州市、济南市和滨州市的交界处形成一个明显的低值集中区，另外，在河南省驻马店市和安徽省亳州市也有分布。

3. 人均规模特征

华北平原人均农村居民点用地面积为181.44平方米/人，超过了国家规定的人均150平方米/人的标准。

县域之间人均农村居民点用地面积差异较大。仅有53个县域人均农村居民点用地面积低于150平方米/人，河北省石家庄市、邢台市，山东省济宁市，以及安阳市、濮阳市和邯郸市三地的交界处，是这些县域的主要聚集区。华北平原其他大部分地区人均农村居民点用地面积均超过150平方米/人，尤其是在京津地区附近，部分县域人均农村居民点用地面积均高于260平方米/人。

3.1.3 形状特征

在县域尺度上，县域内农村居民点用地斑块的平均形状指数最大值为2.07，均值为1.68。其中，县域内农村居民点用地斑块的平均形状指数低于均值的县市数量相对较多，共128个，且在黄河以南和黄河以北分布的数量相当，分别有66个和62个，但在黄河以南更为集聚，主要集中分布在黄河以南除江苏省以外的大部分地区；而在黄河以北则相对较为分散，仅在山东省北部相对较集中。农村居民点用地斑块的平均形状指数大于 1.68 的县域有 112 个，在黄河以北分布较多，并主要集中在京津冀地区；而在黄河以南则以江苏省境内相对集中。

3.1.4 密度特征

县域内农村居民点用地斑块密度的最大值为 1.11 个/平方千米，均值为 0.57 个/平方千米。农村居民点用地斑块密度空间分布差异明显，在华北平原南部，以豫皖交界处为高值中心呈圈层结构分布；在中部东、中、西依次过渡递减的带状分布；北部则在环渤海湾处形成一个横 "Y" 字形的低值区。具体而言，在华北平原南部，豫皖交界处的驻马店市、周口市、商丘市、亳州市和阜阳市的大部分县域内农村居民点用地斑块密度高达 0.82 ~ 1.11 个/平方千米，为高值区，其外围邻近县域内农村居民点密度多在 0.59 ~ 0.81 个/平方千米；华北平原中部西侧的邢台市、邯郸市、安阳市、新乡市和焦作市的大部分县域内农村居民点用地斑块密度在 0.29 ~ 0.42 个/平方千米，而在东侧黄河沿线的部分县域，如聊城市、德州市、济南市和滨州市的部分县域农村居民点密度则增加到了 0.59 ~ 0.81 个/平方千米。而在渤海湾及其以西的部分县域形成一个形似横 "Y" 字形的农村居民点用地斑块密度的低值区，该区域内农村居民点用地斑块密度低于 0.29 个/平方千米。

3.2 空间结构特征分析

考虑到农村居民点的分布主要受到区位、交通等因素的影响，本书主要从城镇趋向性、道路趋向性和河流趋向性三个方面，来分析农村居民点用地的空间结构特征。

以往的大部分研究在分析农村居民点用地的趋向性时，所采用的量化指标为农村居民点用地斑块的数量。但本书认为在距离道路、河流等等距间隔上农村居民点用地斑块的数量，并不能表征农村居民点用地的道路趋向性和河流趋向性等。这是因为等距间隔上农村居民点用地斑块数量这一指标，忽略了等距间隔面积的变化（非等距间隔上农村居民点用地斑块数量变化更是如此，无法反映农村居民点用地的趋向性）。如图 3 - 1 中（A）所示，尽管从西向东农村居民点用地斑块数量在减少，但显然农村居民点呈均匀分布状态，并没有表现出向道路的集聚，而是行政区划形状使然；从图 3 - 1 中（B）则可以看出，尽管自西向东随距道路距离的增加，农村居民点斑块数量在减少，但显然农村居民点用地不但没有表现出道路趋向性，反而距道路越远，农村居民点用地斑块越聚集。基于以上考虑，本书使用等距间隔距离上农村居民点用地斑块密度，来反映城镇、道路和河流趋向性。

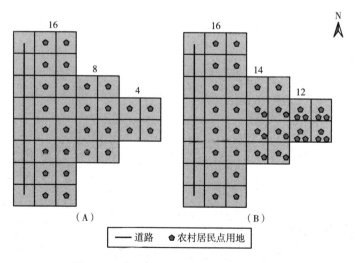

图 3 - 1　等距间隔上农村居民点用地分布

资料来源：笔者根据研究内容绘制。

本书中基于缓冲区分析的农村居民点用地结构分析的基本思路为：通过比较分析距离特定地物（城镇建设用地边界、道路和河流）由近到远的等距间隔缓冲区内农村居民点用地的分布情况，以确定特定地物对农村居民点分布的影响及其作用大小。具体实现步骤如下。

首先利用ArcGIS10.1空间分析模块中的Distance功能，生成研究区内各点到特定地物的空间距离表面。其次，利用ArcGIS10.1中的"Feather to point"工具将农村居民点图斑转为点图层。在此基础上，利用"Extract multi values to points"工具，获得各个农村居民点图斑到特定地物的距离。最后，经过分段统计，获得距离特定地物不同距离范围内的农村居民点分布情况。需要特别注意的是，由于城镇、道路等具有等级差异，不同等级城镇的规模、社会经济发展水平等差异较大，不同等级道路的建设目的和作用也不相同。因此，需要对这种等级差异进行差别分析，合理划定缓冲区间隔。例如，针对不同等级的城镇，根据华北平原的总面积和不同等级城镇的数量，确定单个城镇的理论辐射范围，从而进一步确定其理论辐射半径，然后据此理论辐射半径结合实际情况划定合适的等距间隔距离。

3.2.1　城镇趋向性

不同等级城镇对农村居民点的凝聚作用的差异性，主要表现在影响范围和凝聚力大小两个方面。从表3-1、表3-2、表3-3、表3-4可以看出，农村居民点的空间分布在一定范围内具有城镇趋向性，在该范围内随着到城镇距离的增加，农村居民点用地斑块的密度呈现出递减趋势。超过该范围后，农村居民点用地斑块的密度出现增加或波动趋势。因此，该范围可以看作城镇对农村居民点用地分布的影响范围，即城镇趋向性的影响范围。

表 3 – 1　　　　距直辖市不同距离范围内农村居民点分布

距直辖市距离（千米）	数量（个）	密度（个/平方千米）
<5	696	**0.373**
5 ~ 10	461	0.352
10 ~ 15	370	**0.253**
15 ~ 20	449	0.279
20 ~ 25	497	0.294
25 ~ 30	624	0.338
30 ~ 35	811	0.402
35 ~ 40	653	0.369
40 ~ 45	602	0.366
45 ~ 50	587	0.371
≥50	139190	0.589

资料来源：笔者根据计算结果绘制。

表 3 – 2　　　　距地级市不同距离范围内农村居民点分布

距离地级市距离（千米）	数量（个）	密度（个/平方千米）
<5	5305	0.675
5 ~ 10	6606	0.675
10 ~ 15	8008	0.631
15 ~ 20	9764	0.639
20 ~ 25	11137	0.641
25 ~ 30	11470	0.615
30 ~ 35	11973	0.620
35 ~ 40	12703	0.626
40 ~ 45	12507	0.606
≥45	55467	0.500

资料来源：笔者根据计算结果绘制。

表 3 – 3　　　　距县城不同距离范围内农村居民点分布

距离县城距离（千米）	数量（个）	密度（个/平方千米）
<1	2918	0.470
1 ~ 2	3885	**0.628**

续表

距离县城距离（千米）	数量（个）	密度（个/平方千米）
2 ~ 3	4565	0.623
3 ~ 4	5089	0.600
4 ~ 5	5349	0.560
5 ~ 6	5927	**0.561**
6 ~ 7	6432	0.566
7 ~ 8	6670	0.554
8 ~ 9	6982	0.557
9 ~ 10	7023	0.547
10 ~ 11	7266	0.568
11 ~ 12	7238	0.573
12 ~ 13	7104	0.578
13 ~ 14	6775	0.572
14 ~ 15	6504	0.576
≥15	55213	0.593

资料来源：笔者根据计算结果绘制。

表 3 - 4　　　　距乡镇不同距离范围内农村居民点分布

距离乡镇距离（千米）	数量（个）	密度（个/平方千米）
< 0.5	5759	0.500
0.5 ~ 1	10795	**0.680**
1 ~ 1.5	13106	0.675
1.5 ~ 2	15168	0.671
2 ~ 2.5	15953	0.649
2.5 ~ 3	15670	0.624
3 ~ 3.5	14847	0.619
3.5 ~ 4	12954	0.594
4 ~ 4.5	10760	0.579
4.5 ~ 5	8429	**0.555**
≥5	21499	0.435

资料来源：笔者根据计算结果绘制。

不同等级城镇对农村居民点用地分布的影响范围具有较大差异，直辖市和地级市的影响范围相对较大，县城的影响范围次之，乡镇的影响范围最小。在直辖市的影响下，农村居民点用地斑块密度在 15 千米范围内具有距离衰减效应，由距离直辖市 5 千米以内的 0.373 个/平方千米减少到 10 ~ 15 千米的 0.253 个/平方千米。因此，直辖市对农村居民点用地斑块密度的影响范围为 15 千米。同理可知，地级市、县城和乡镇对农村居民点用地斑块密度的影响范围分别为 10 千米、5 千米和 4.5 千米。

值得注意的是，尽管乡镇的影响范围最小，但其影响的农村居民点用地斑块数量却最多。乡镇影响范围内农村居民点用地斑块数量为 117682 个，占华北平原农村居民点用地斑块总数的 81.19%；而直辖市、地级市和县城最大影响范围内农村居民点用地斑块数量分别为 1527 个、14614 个和 24815 个，所占比例分别为 1.05%、10.08% 和 17.12%。由此可见，乡镇影响范围内农村居民点用地斑块的数量，远高于直辖市、地级市和县城影响范围内农村居民点用地斑块数量。

此外，单位距离内农村居民点用地斑块密度的梯度变化率表明，乡镇对农村居民点用地分布的影响强度最高。在乡镇的凝聚力作用下，农村居民点用地斑块密度在 0.5 ~ 1 千米达到最大值，为 0.680 个/平方千米；超过 1 千米之后，农村居民点用地斑块密度具有距离衰减效应，即随着距乡镇距离的增加而减小，至 4.5 - 5 千米农村居民点用地斑块密度递减为 0.555 个/平方千米。

据此可知，农村居民点用地斑块密度的梯度变化距离为 4.5 千米，密度的减小值为 0.125 个/平方千米。因此，农村居民点用地斑块密度的梯度变化率为 2.78%。经计算，在直辖市和县城凝聚力作用下，农村居民点用地斑块密度的梯度变化率分别为 0.80% 和 1.34%，均明显小于乡镇凝聚力作用下的对应值。在地级市作用下，农村居民点密度的梯度变化不明显。

综上所述，在一定的范围内，直辖市、县城和乡镇对农村居民点用地的空间分布均具有凝聚作用，并且其影响范围依次减小。但乡镇影响范围内的农村居民点用地斑块数量最多，且乡镇影响下农村居民点用地斑块密度的梯度变化率最大，说明乡镇的凝聚力最强。

3.2.2 道路趋向性

在国道、省道和县道的吸引作用下，农村居民点用地斑块的密度分别在距国道4~8千米、距省道2~6千米和距县道1.5~7.5千米的范围内呈现出递减趋势（见表3-5、表3-6、表3-7）。

具体而言，在国道的影响下，农村居民点用地斑块密度由距国道4~5千米的0.562个/平方千米递减为7~8千米的0.537个/平方千米，密度的梯度变化率为0.63%；受省道的影响，农村居民点用地斑块密度在2~3千米的为0.593个/平方千米，2~6千米的随距省道距离的增加而递减，距省道5~6千米的农村居民点用地斑块的密度递减为0.577个/平方千米，密度的梯度变化率为0.43%；距县道7.5千米以外的农村居民点用地斑块密度，显著小于距县道7.5千米以内的农村居民点用地斑块密度，并且在1.5~7.5千米的农村居民点用地斑块密度呈现出递减趋势，由1.5~2千米的0.62个/平方千米递减至7~7.5千米的0.474个/平方千米，密度的梯度递减率为2.43%。

综上所述，农村居民点分别在距国道4~8千米、距省道2~6千米和距县道1.5~7.5千米的范围内具有国道、省道和县道趋向性，相应的农村居民点密度梯度变化率分别为0.63%、0.43%和2.43%，这表明相比国道和省道趋向性，农村居民点的县道趋向性更加明显。

表3-5　　　　距国道不同距离范围内农村居民点分布

距国道距离（千米）	数量（个）	密度（个/平方千米）
<1	6188	0.503
1~2	6242	0.536

距国道距离（千米）	数量（个）	密度（个/平方千米）
2 ~ 3	6114	0.543
3 ~ 4	5947	0.548
4 ~ 5	5906	**0.562**
5 ~ 6	5525	0.542
6 ~ 7	5326	0.539
7 ~ 8	5140	**0.537**
8 ~ 9	5125	0.555
9 ~ 10	4849	0.545
10 ~ 11	4670	0.549
11 ~ 12	4482	0.550
12 ~ 13	4302	0.554
13 ~ 14	4181	0.563
14 ~ 15	4042	0.569
≥15	66901	0.601

资料来源：笔者根据计算结果绘制。

表 3 - 6　　　距省道不同距离范围内农村居民点分布

距省道距离（千米）	数量（个）	密度（个/平方千米）
< 1	21797	0.526
1 ~ 2	20507	0.571
2 ~ 3	18727	**0.594**
3 ~ 4	16265	0.593
4 ~ 5	13658	0.581
5 ~ 6	11391	**0.577**
6 ~ 7	9584	0.585
7 ~ 8	7652	0.569
8 ~ 9	6307	0.579
9 ~ 10	5033	0.579
10 ~ 11	3753	0.565
11 ~ 12	2844	0.559

距省道距离（千米）	数量（个）	密度（个/平方千米）
12~13	2174	0.568
13~14	1520	0.551
14~15	1149	0.584
≥15	2579	0.493

资料来源：笔者根据计算结果绘制。

表3-7 距县道不同距离范围内农村居民点分布

距县道距离（千米）	数量（个）	密度（个/平方千米）
<0.5	17468	0.613
0.5~1	15667	0.573
1~1.5	15461	0.600
1.5~2	14910	**0.620**
2~2.5	13674	0.616
2.5~3	11886	0.599
3~3.5	10169	0.589
3.5~4	8665	0.583
4~4.5	6994	0.557
4.5~5	5761	0.546
5~5.5	4664	0.523
5.5~6	3930	0.523
6~6.5	3266	0.515
6.5~7	2555	0.488
7~7.5	2049	**0.474**
≥7.5	7821	0.406

资料来源：笔者根据计算结果绘制。

3.2.3 河流趋向性

一般而言，河流对农村居民点的影响范围有限，尽管在8~14千米农村居民点用地斑块的密度随着距河流距离的增加而降低（见表3-8），但这不应认为是河流的影响，可能是其他因素的影响。此外，在距河流8千米范围内，农村居民点用地斑块密度随着距河流距离的增加而整体上呈升高趋势。这表明农村居民点用地斑块的空间分布不具有河流趋向性。

表3-8　　　　　　　　距河流不同距离范围内农村居民点分布

距河流距离（千米）	数量（个）	密度（个/平方千米）
<1	20298	0.521
1~2	18659	0.556
2~3	17236	0.574
3~4	15578	0.591
4~5	13813	0.604
5~6	12105	0.611
6~7	10334	0.611
7~8	8641	0.611
8~9	6811	0.595
9~10	5284	0.580
10~11	4127	0.577
11~12	3106	0.559
12~13	2395	0.557
13~14	1675	0.503
14~15	1325	0.506
≥15	3553	0.423

资料来源：笔者根据计算结果绘制。

3.3　不同乡村发展类型农村居民点用地的比较

参考龙花楼等（2009）的乡村发展类型划分方法，根据县域内第

一、第二、第三产业产值的比重，将华北平原 240 个县域划分为农业主导型、工业主导型、第三产业主导型和均衡发展型四种类型（见表 3 – 9）。

表 3 – 9　　　　　　　华北平原乡村发展类型划分标准

类型	划分标准
农业主导型	农业≥28.64%
工业主导型	工业≥60.55%
第三产业主导型	第三产业≥42.99%
均衡发展型	不属于上述类型的县域

注：表 3 – 9 中的第二、第三、第四行分别为第一产业产值、第二产业产值和第三产业产值占地区生产总值的比重。

资料来源：笔者根据研究内容绘制。

3.3.1　不同乡村发展类型县域的空间分布

根据本书的归类，华北平原 240 个县域中有 128 个县域的第一、第二、第三产业占比相对较为协调，乡村发展类型为均衡发展型，占华北平原总面积的比重高达 53.68%。农业主导型、工业主导型和第三产业主导型县域的数量分别为 41 个、42 个和 29 个，面积占比分别为 20.23%、14.08% 和 12.01%（见表 3 – 10）。

表 3 – 10　　　　各乡村发展类型县域数量、面积等的省际差异

类型	数量（个）	面积（平方千米）	面积占比（%）
工业主导型	**42**	**35840.18**	**14.08**
安徽省	2	1472.87	0.58
北京市	1	907.10	0.36
河北省	16	12170.83	4.78
河南省	16	12765.03	5.02
山东省	1	1132.45	0.44
天津市	6	7391.90	2.90

类型	数量（个）	面积（平方千米）	面积占比（％）
均衡发展型	**128**	**136641.56**	**53.68**
安徽省	7	14532.56	5.71
河北省	48	33450.01	13.14
河南省	24	26825.54	10.54
江苏省	12	21626.34	8.50
山东省	34	37795.62	14.85
天津市	3	2411.47	0.95
农业主导型	**41**	**51485.35**	**20.23**
安徽省	11	20166.57	7.92
河北省	14	9243.73	3.63
河南省	16	22075.04	8.67
第二产业主导型	**29**	**30567.91**	**12.01**
安徽省	1	1820.46	0.72
北京市	2	1491.20	0.59
河北省	6	6701.96	2.63
河南省	2	546.02	0.21
江苏省	2	3323.15	1.31
山东省	15	16525.29	6.49
天津市	1	159.81	0.06

资料来源：笔者根据计算结果绘制。

农业主导型县域分布在河北省、河南省和安徽省三省境内，尤其是在河南省和安徽省两省境内农业主导型县域总面积较大，分别为2.21万平方千米和2.02万平方千米，占华北平原总面积的比例也较高，分别为8.67%和7.92%，且呈集中连片的分布格局。该区域地处我国中原地区，是农耕文化的发源地，至今仍为我国重要的粮食主产区。其中部分县域为中国粮食生产先进县、全国商品粮生产基地、粮食生产大县等，如滑县、封丘县、睢县、太康县、夏邑、新蔡县、临泉、阜南县、太和县、怀远县等。

工业主导型县域在河北省、河南省和天津市等地区内数量较多，分别有 16 个、16 个和 6 个（见表 3 - 10）。尤其是在保定市—廊坊市—天津市—唐山市一带，工业主导型县域较为集聚。这些县域位于环京津、环渤海经济圈内，地理位置优越，区位优势明显。或承接京津等大城市的外溢功能或凭借区位、资源等优势，形成了各具特色的发展模式，工业基础雄厚，第二产业发达。如高碑店市是（北）京南保（定）北重要的工业城市，安新县是华北地区最大的废旧有色金属集散地，任丘市为华北地区重要的石油产地和石化基地，丰南区是华北地区重要的钢铁基地。

第三产业主导型县域在山东省境内分布数量最多，有 15 个（见表 3 - 10）。这些县域多为市辖区及其周边县域，商旅服务业较为发达。例如阳信县为中国科技工作先进县，东平县为全国科技进步先进县，微山县被评为中国战略性新兴产业最具竞争力县 20 强，中国最佳旅游目的地等。

其余大部分县域均为均衡发展型，尤其是在河北省、山东省和河南省三省数量较多，分别有 48 个、34 个和 24 个（见表 3 - 10）。但需要注意的是，这些均衡发展型县域中，既包括地区生产总值较高且第一、第二、第三产业发展较为协调的县域，也包括地区生产总值较低且第一、第二、第三产业发展较为均衡的县域。

3.3.2 不同乡村发展类型农村居民点用地基本特征的比较

农业主导型县域内农村居民点特征主要表现为数量多、密度高、总面积大、面积占比高，平均斑块面积小。该类型县域内农村居民点的数量、密度、总面积和面积占比分别为 867 个、144.25 平方千米、0.62 个/平方千米和 11.18%，在各发展类型中均为最大；平均斑块面积较小，为 0.20 平方千米（见表 3 - 11）。

在安徽省和河南省两省境内，农村居民点的这种特征表现尤为突出。例如安徽省临泉县地处淮北平原地区，气候适宜、土壤肥沃、水资源丰富，具备十分有利的农业生产条件，是典型的农业主导型县域，先后荣获"全国粮食生产先进县""全国畜产品生产百强县"等称号。强大的粮食生产潜力，使得该县人口密集。但由于长期缺乏科学的村庄规划等原因，农村居民点规模普遍偏小、高密度散乱分布。县域内农村居民点数量较多，共有 1945 个，密度高达 1.05 个/平方千米，总面积为 329.43 平方千米，面积占比高达 17.81%，而平均斑块规模仅为 0.17 平方千米。此外，需要注意的是在农村居民点内部，各农户住宅之间间距较大且较为散乱，建设用地比例总体较低，内部结构有待优化，整治潜力较大。

表 3 – 11　　不同乡村发展类型农村居民点用地基本特征的差异

类型	数量（个）	总面积（平方千米）	平均斑块面积（平方千米）	平均形状指数	密度（个/平方千米）	面积占比（%）
工业主导型	335	79.98	0.28	1.73	0.37	9.50
均衡发展型	624	112.09	0.22	1.67	0.53	10.44
农业主导型	876	144.25	0.20	1.68	0.62	11.18
三产主导型	519	89.39	0.18	1.68	0.47	8.10

资料来源：笔者根据计算结果绘制。

工业主导型县域内农村居民点整体上呈现出单个斑块规模大、形状不规则，而数量少、密度低、总面积和面积占比低的特征。该类型县域内农村居民点的数量、密度、总面积和面积占比在各发展类型中均为最小，分别为 335 个、0.37 个/平方千米，79.98 平方千米，9.50%；而平均斑块面积和平均形状指数却明显大于其他发展类型所对应的值，分别为 0.28 平方千米和 1.73（见表 3 – 11）。

聚集在京津经济圈内的保定市—廊坊市—天津市—唐山市—带的工业主导型县域特征尤为明显。在自然条件、风俗习惯和社会经济发展需求的影响下，这些县域内农村居民点的集聚水平较高，从而形成规模较大的农村居民点斑块。这也使得该区域耕作半径较大，农村居民点数量较少，密度较低。此外，相比于黄河以南的县域，黄河以北的县域面积相对较小，这些县域内农村居民点的总面积也相对较小，但为了满足生产建设和改善住房的需求，农村居民点扩张往往较为明显，这也造成农村居民点的形状较为复杂。

单个斑块规模小、面积占比低，是第三产业主导型县域内农村居民点的主要特点。这些县域内农村居民点平均斑块面积仅为 0.18 平方千米，面积占比仅为 8.10%（见表 3-11）。以滨州市辖区为中心的惠民县、阳信县和沾化区等地处黄河下游，多为黄河冲积或淤积平原，土壤以潮土和盐土为主，尤其是盐土的保水保肥性差、土地贫瘠，粮食生产能力有限，加上历史时期黄河经常泛滥。因此，该区域农村居民点平均斑块面积相对较小，而且分布较为稀疏。还有些地区由于城镇化水平较高或境内水域面积较大等原因，使得县域内农村居民点面积占比较低，如德州市市辖区、滨州市市辖区和聊城市市辖区的城镇化水平较高，而微山县境内微山湖面积占全县面积的 2/3。

均衡发展型县域内农村居民点的数量、总面积、面积占比等均不突出，介于其他发展类型之间。

3.3.3 不同乡村发展类型农村居民点用地空间结构特征的比较

本书研究对象中的农业主导型和第三产业主导型县域内农村居民点的空间分布，表现出乡镇、县城和地级市趋向性，不具有直辖市趋向性。由于农业主导型县域分布在河北省、河南省和安徽省三省，第三产业主导型县域主要分布在山东省，大部分农业主导型和第三产业主导型县域距直辖市较远，因此直辖市对农业主导型和第三产业主导型县域内农村居民点影响有限。在乡镇、县城和地级市的影响下，农业主导型县域内农村居民点的梯度变化率分别为3.59%、2.65%和0.78%；第三产业主导型县域内农村居民点的梯度变化率分别为5.20%、1.81%和1.25%（见表3-12）。工业主导型县域内农村居民点的空间分布则具有乡镇、地级市和直辖市趋向性，相应的农村居民点梯度变化率依次为2.27%、0.36%和0.80%。均衡发展型县域内农村居民点不具有地级市趋向性，乡镇、县城和直辖市影响下的梯度变化率为分别为3.70%、1.98%和0.42%。

表3-12 不同乡村发展类型农村居民点的城镇趋向性差异

类型	农村居民点密度梯度变化率			
	农业主导型（%）	工业主导型（%）	第三产业（%）	均衡发展型（%）
乡镇	3.59	2.27	5.20	3.70
县城	2.65	—	1.81	1.98
地级市	0.78	0.36	1.25	—
直辖市	—	0.80	—	0.42

资料来源：笔者根据计算结果绘制。

尽管从各发展类型均是在乡镇的影响下，农村居民点的梯度变化率最大。但相比其他发展类型，第三产业主导型县域内农村居民点的梯度变化率最大；而在县城的影响下，农业主导型县域内农村居民点的梯度变化率则显著大于其他类型；在地级市的影响下，相比于农业主导型和工业主导型县域，第三产业主导型县域内农村居民点的梯度变化率较大；仅工业主导型和均衡发展型县域内农村居民点的空间分布具有直辖市趋向性，但农村居民点的梯度变化率均较小。

农业主导型县域内农村居民点表现出省道和县道趋向性，并且县道趋向性相对较为明显；工业主导型县域内农村居民点则不具有道路趋向性；第三产业主导型县域也仅表现出省道趋向性，农村居民点的梯度变化率为1.33%；均衡发展型县域内农村居民点具有国道、省道和县道趋向性，并且县道趋向性最为明显，其梯度变化率为2.11%（见表3-13）。

表 3 – 13　　　不同乡村发展类型农村居民点的道路趋向性差异

类型	农村居民点密度梯度变化率			
	农业主导型（%）	工业主导型（%）	第三产业（%）	均衡发展型（%）
国道	—	—	—	1.46
省道	1.60	—	1.33	0.62
县道	2.36	—	—	2.11

资料来源：笔者根据计算结果绘制。

各乡村发展类型县域内农村居民点均没有表现出河流趋向性。

3.4　小　结

　　本章基于遥感解译获得的华北平原 2015 年农村居民点用地现状数据，从规模、形状和分布等方面分析了农村居民点用地的基本特征；从城镇趋向性、道路趋向性和河流趋向性等方面，对农村居民点用地的空间结构进行了刻画。此外，还对不同发展类型县域农村居民点用地的差异性进行了比较。

　　华北平原农村居民点用地的基本特征主要表现为数量多，平均斑块面积、总面积、面积标准差均较大，面积占比高，人均用地较粗放，分布密集，空间差异明显等。2015 年华北平原共有 144941 个农村居民点用地斑块，平均斑块面积为 0.18 平方千米，面积标准差为 0.23，总面积为 26214.23 平方千米，占华北平原总面积的 10.30%。人均农村居民点用地面积为 181.44 平方米/人，超过了国家规定的人均 150 平方米/人的标准。尤其是在京津地区附近，其人均农村居民点用地面积均高于 260 平方米/人。农村居民点用地斑块的密度为 0.57 个/平方千米，相比于我国其他地区，农村居民点密度较高且空间分布差异明显。在华北平原南部以豫皖交界处为高值中心呈圈层结构分布，在中部呈东中西依次过渡递减的带状分布，北部则在环渤海湾处形成一个横"Y"字形的低值区。

基于缓冲区分析的农村居民点空间结构特征分析表明：直辖市、地级市、县城和乡镇对农村居民点用地的空间分布均具有一定的影响，但影响范围依次减小，而乡镇对农村居民点用地空间分布的凝聚力最大。农村居民点用地的空间分布具有道路趋向性，并且相比于国道和省道趋向性，县道趋向性更加明显。

不同乡村发展类型县域农村居民点差异显著。农业主导型县域内农村居民点主要表现为数量多、密度高、总面积大、面积占比高，平均斑块面积小。该类型县域内农村居民点的数量、密度、总面积和面积占比分别为 867 个、144.25 平方千米、0.62 个/平方千米和 11.18%，在各发展类型中均为最大；平均斑块面积为 0.20 平方千米，较小。工业主导型农村居民点整体上呈现出单个斑块规模大、形状不规则，而数量少、密度低、总面积和面积占比低的特征。该类型县域内农村居民点的数量、密度、总面积和面积占比在各发展类型中均为最小，分别为 335 个、0.37 个/平方千米，79.98 平方千米，9.50%；而平均斑块面积和平均形状指数却明显大于其他发展类型所对应的值，分别为 0.28 平方千米和 1.73。单个斑块规模小、面积占比低是第三产业主导型农村居民点的主要特点。这些县域内农村居民点平均斑块面积仅为 0.18 平方千米，面积占比仅为 8.10%。不同乡村发展类型农村居民点用地空间结构特征的差异主要表现在城镇趋向性和道路趋向性两个方面，而各发展类型农村居民点用地的河流趋向性均不明显。

4

农村居民点用地特征的变化

4.1 基本特征的变化

4.1.1 规模变化

1. 总体规模变化

1990 年华北平原农村居民点用地斑块数量为 138459 个，斑块总面积为 24401.09 平方千米，面积占比为 9.59%。1990~2015 年，农村居民点用地斑块数量增加了 6482 个，斑块总面积增加了 1813.14 平方千米，面积占比也增加了 0.71%。这些变化表明，研究期内华北平原农村居民点用地的总体规模在增大，整体上呈现出数量增多、面积扩大、比重升高的趋势。

从县级尺度上来看，尽管华北平原农村居民点用地斑块数量整体上呈增多趋势，但部分县市也有减少的情况。华北平原所有县市中，有 90 个县域农村居民点用地斑块数量呈现出减少趋势。其中，在豫皖交界处，县域内农村居民点用地斑块减少较为明显，减少数量多在 100 个以上。该区域农村居民点用地斑块数量减少的主要原因包括三个方面：一是城镇扩张，原来的农村居民点用地城镇化，导致农村居民点用地斑块数量减少。例如，安徽省亳州市市辖区城镇化率年均增速位居全省首位，快速扩张的中心城区侵占周边大量农村居民点；二是新农村建设、城乡建设用地增减挂钩等相关政策引起的农村居民点用地斑块数量减少。例如安徽省亳州市、阜阳市等通过农村土地综合整治和新农村建设等，将多个自然村的村民小组合并为一个中心村；三是路边农村居民点用地扩张，尤其是豫皖交界处正阳县、新蔡县、临泉县、太和县、阜阳市市辖区和阜南县等县域，农村居民点用地"沿路爬"等现象，使得多个农村居民点用地连接合并，致使农村居民点用地斑块数量减少。

此外，在河北省保定市、石家庄市和廊坊市一带以及山东省聊城市和德州市周边，农村居民点用地斑块数量减少的县域也较为集中，但县域内农村居民点用地斑块减少数量相对较少，大部分少于50个。该区域农村居民点用地斑块数量减少的原因主要是城镇建设用地扩张占用和相邻农村居民点用地扩张合并。

其余大部分县域农村居民点用地斑块数量均呈增加趋势，增加数量在1~475个。黄河以北的县域农村居民点增加数量相对较少，大部分少于70个。而黄河以南的地区农村居民点用地斑块增加数量相对较大，尤其是皖北和苏北地区，该区域内大部分县域农村居民点用地斑块增加数量均在200个以上。道路两边农村居民点的随意建设，是农村居民点用地斑块数量增加的主要原因之一。

1990~2015年，华北平原农村居民点用地总面积减少的县市个数与农村居民点用地斑块数量减少的县市个数相当，共有89个；县域内农村居民点减少面积的最大值为65.21平方千米。在空间分布上，农村居民点用地总面积减少的县域主要集中分布在冀鲁交界处和鲁豫交界处。其中，冀鲁交界处的河北省衡水市和山东省德州市的部分县域农村居民点用地面积减少较为明显，减少面积在27.90平方千米以上。村庄整治、新农村建设及新型社区建设是农村居民点面积减少的主要原因。例如，山东省德州市在新农村建设过程中实行"合村并居，建立新社区"的做法，截至 2011 年有六成村庄合并，共减少了近 5000 个建制村。预计合村并居完成后，减少村庄占地面积将达 65% 以上。

其余大部分县域内，农村居民点用地总面积均有不同程度的增加。但整体而言，在华北平原南部县域内农村居民点用地总面积的增加量要大于华北平原北部地区。尤其是皖北平原地区，大部分县域内农村居民点平均增加面积大于 53.90 平方千米。在 2006 年前后，随着农民收入的提高，皖北地区出现了新一轮的建房热潮。由于缺乏规划，新建住房普遍面积较大、标准不一，存在新旧混杂、沿路而建、布局零乱等问题。

农村居民点用地面积比重为县域内农村居民点总面积与县域面积的比值，据此可知，农村居民点用地面积比重变化是由农村居民点用地面积变化决定的。因此，农村居民点用地面积比重变化的空间分布与农村居民点总面积变化的空间分布具有一致性，在此不再赘述。

2. 单个斑块变化

1990 年华北平原农村居民点用地的平均斑块面积为 0.176 平方千米，最大斑块面积为 4.77 平方千米，面积标准差为 0.17。1990～2015年，农村居民点用地的平均斑块面积变化不大，仅净增加了 0.005 平方千米，但这并不能说明农村居民点用地斑块的面积变化小。进一步分析农村居民点用地最大斑块面积和面积标准差的变化可知，最大斑块面积增加了 3.31 平方千米，斑块面积标准差也增加了 0.06。这表明农村居民点用地最大斑块面积在增大，斑块之间的面积差异也在变大。

华北平原农村居民点用地平均斑块面积减小和增大的县域数量相当，但空间分布差异显著，整体上平行于黄河呈带状分布。农村居民点用地平均斑块面积减小的县市，在黄河两侧形成一个缓冲带，主要包括河北省沧州市西部、衡水市、邢台市东部的县域，山东省滨州市、德州市、聊城市、菏泽市的县域，河南省濮阳市、安阳市、开封市、新乡市、商丘市西部、周口市西部的县域等。农村居民点用地平均斑块面积增加的县市，则分布在华北平原的西北部和东南部，尤其是天津市、保定市和石家庄市等周边县域农村居民点平均斑块面积增加幅度较大，增加值在 0.13 ~ 0.35 平方千米区间内。单个农村居民点用地面积扩张及相邻斑块之间由于扩张导致的连接合并等，是该区域农村居民点平均斑块面积增加的主要原因。

华北平原县域内农村居民点平均斑块面积减少的县域数量较少，仅在冀鲁交界处的河北省衡水市、邢台市西部和山东省德州市较为集中，且减少面积较小，均在 1.83 平方千米以下。

大部分县市农村居民点用地的最大斑块面积呈增加趋势，在京津周边地区农村居民点最大斑块面积增加尤为明显，大部分县域农村居民点最大斑块面积的增加值在 1.67 ~ 5.49 平方千米区间内。城镇化和工业化的快速发展，是该区域农村居民点最大斑块面积进一步增大的一个主要原因。

与农村居民点用地最大斑块面积的变化类似，大部分县市农村居民点用地面积标准差呈增大趋势，仅有 63 个县市呈减小趋势，并且减小程度有限，均小于 0.16，主要集中分布在冀鲁交界处，与农村居民点用地最大斑块面积变化具有空间相似性。受京津冀城市群的影响，华北平原北部地区农村居民点用地斑块面积标准差变化相对较大，大部分在 0.15 ~ 0.57 区间内；黄河以南的县市农村居民点用地斑块面积标准差变化相对较小，大部分小于 0.31。

3. 人均规模变化

1990 年华北平原乡村人口共 13072 万人，人均农村居民点用地面积为 186.67 平方米/人。尽管研究期内农村居民点面积增加了 1813.14 平方千米，但同期乡村人口也增加了 1376 万人，导致人均农村居民点用地面积并没有增加，反而减少了 5.23 平方米/人。

县域之间人均农村居民点用地面积变化差异较大，人均用地面积为 - 236.35 ~ 193.97 平方米。人均农村居民点面积增加的县域，主要集中在环渤海地区、河北省的保定市、石家庄市、邢台市的西部，以及苏北、皖北和豫南部分区域。其他大部分县域人均农村居民点面积呈减少趋势。其中,河北省衡水市的大部分县域和山东省西南部的县域内人均农村居民点面积减少较多,减少面积大于 98.06 平方米。

4.1.2 形状变化

农村居民点用地斑块的平均形状指数由 1990 年的 1.51 增加至 2015 年的 1.68,仅增加了 0.17。这表明农村居民点用地形状变化不大,但仍呈不规则状态发展。

从空间分布来看,农村居民点平均形状指数减小的县域数量较少,仅在河北省衡水市和山东省德州市相对较为集中。其他大部分县域内农村居民点的平均形状指数均增大。其中,河北省保定市、邯郸市和安徽省阜阳市的部分县域内农村居民点平均形状指数增加相对较大,为 0.36 ~ 0.65。

4.1.3 密度变化

1990 年华北平原农村居民点用地密度为 0.54 个/平方千米,研究期内农村居民点用地密度仍略有增加,增加了 0.03 个/平方千米。这表明农村居民点用地仍有一定的加密发展趋势。

根据农村居民点用地密度计算公式可知,县域尺度上农村居民点用地密度的变化,是由县域内农村居民点用地斑块数量的变化导致的。因此,农村居民点用地密度变化的空间分布及原因均与农村居民点用地斑块数量变化一致,在此不再赘述。

4.1.4 变化模式

1. 变化模式的理论分析及提取方法

图 4 - 1 展现了以 1990 年和 2015 年两期农村居民点用地变化为主

线的土地利用变化过程。

2015 年农村居民点用地来源可以分为三类。（1）仅来源于 1990 年原有农村居民点，包括 1990 年农村居民点用地以保持不变和原地萎缩两种形式发展的土地利用转移路径。在这种情况下，两期农村居民点用地在空间上完全重合。（2）来源于 1990 年原有农村居民点和新增农村居民点的组合。即 1990 年农村居民点以原地扩张的方式发展。这种情况下，两期农村居民点在空间上相交。（3）仅来源于新增农村居民点，即以飞地式扩张而形成的农村居民点。这种情况下，两期农村居民点在空间上相离。

而 1990 年农村居民点用地除了通过上述路径转为 2015 年农村居民点用地之外，还可能通过农村居民点整治转为非建设用地，以及被城镇扩张占用而转为城镇用地。

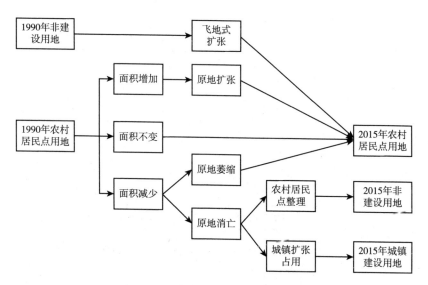

图 4 - 1　两期农村居民点用地变化

资料来源：笔者根据研究内容绘制。

农村居民点用地变化模式是对两期农村居民点面积变化和空间位置关系的归纳和总结。基于以上分析，结合华北平原农村居民点变化实际情况，可以将农村居民点变化动态模式分为原地扩张、飞地扩张、原地萎缩、城镇占用以及整理利用五种类型。根据两期农村居民点用地的空间位置关系，可以识别各农村居民点变化动态模式。

（1）原地扩张和飞地扩张模式用地识别。根据以上分析可知，2015年农村居民点用地包括了四种来源路径（见图4-1）。其中，原地扩张和飞地扩张模式用地是农村居民点新增用地途径。并且除飞地扩张模式外，其他各种发展模式下两期农村居民点用地的空间关系均为相交。因此，本书首先从2015年其他农村居民点用地中将1990年农村居民点用地删除，获得原地扩张和飞地扩张模式的农村居民点用地（见图4-2）。其次，将与1990年农村居民点用地相交的农村居民点用地提取出来即为原地扩张模式用地，其余则为飞地扩张模式用地。

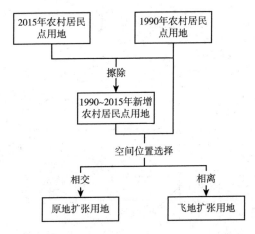

图4-2　原地扩张、飞地扩张模式用地提取

资料来源：笔者根据研究内容绘制。

（2）原地萎缩、城镇占用和整理利用模式用地识别。根据以上分析可知，这三种模式下的农村居民点均发生萎缩或消亡。因此，将2015年农村居民点用地从1990年农村居民点用地中删除，即可获得1990~2015年农村居民点减少的用地。其中，与2015年农村居民点

在空间上相交的为原地萎缩型，其余用地则为原地消亡型。进一步基于 2015 年城镇用地位置的选择，即可提取城镇占用模式下的农村居民点用地；其他的则为整理利用模式下的农村居民点用地（见图 4 –3）。

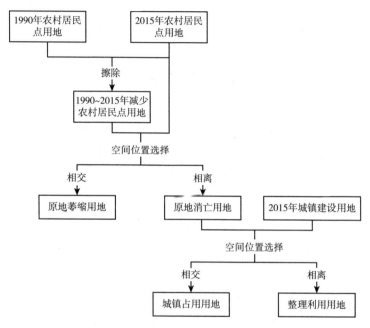

图 4 –3　原地萎缩、城镇占用、整理利用等模式用地提取

资料来源：笔者根据研究内容绘制。

2. 华北平原农村居民点用地的动态变化模式

1990 ~ 2015 年，华北平原农村居民点的动态变化模式主要包括原地扩张、飞地扩张、原地萎缩、城镇占用和整理利用等。在本书研究期内，农村居民点用地面积扩张了 9915.74 平方千米，其中以原地扩张模式扩张的农村居民点用地面积所占比例为 74.37%，以飞地式扩张模式扩张的农村居民点用地所占比例为 25.63%。据此可知，原地扩张模式在华北平原农村居民点用地扩张中占有主导地位。

农村居民点用地减少总面积为 8102.60 平方千米。其中，原地萎缩模式下农村居民点用地减少面积所占比例为 68.05%，城镇扩张占用的农村居民点用地所占比例为 16.55%，而由农村居民点整理等所导致的农村居民点面积减少所占比例为 15.40%。由此可以看出，农村居民点用地减少以原地萎缩为主，城镇扩张占用和农村居民点整理利用所占比例相对较小且两者相当。

原地扩张模式是华北平原农村居民点变化的主导模式。因此，其空间分布与华北平原农村居民点变化的总体格局也较为一致，原地扩张面积较大的县域主要集中在豫皖苏地区，尤其是皖北的大部分县域农村居民点原地扩张面积大于 56.08 平方千米。飞地式扩张较为明显的县域主要分布在京津地区以及苏北和皖北。京津地区社会经济发展水平较好，快速的经济发展促使农村进一步扩大生产规模等，不可避免地出现了一些新建工厂等生产型设施以及相应的一些生活型设施。而在苏北、皖北等地区随着经济发展的快速发展，农民收入水平得到显著提高，出现了大量异地新建住房的现象。

原地萎缩模式是华北平原农村居民点用地减少的主要模式，其空间分布与农村居民点减少的空间分布较为一致。农村居民点原地面积减少较为明显的县域主要分布在河北省衡水市、山东省德州市以及黄河以南的大部分地区。城镇占用模式用地面积的大小主要受城镇扩张规模的影响，越靠近市辖区、社会经济发展水平越高的地区，往往城镇扩张规模越大。因此，城镇占用面积较大的地区主要是一些市辖区、县级市以及乡镇数量较多的县域。整理利用面积的大小主要受相关政策实施的影响。山东省在新农村建设过程中实施了合村并点，并提出了两区同建等战略措施，安徽省近年来也加强了对农村宅基地的整理工作。因此，这些地区整理利用的农村居民点面积相对较大。

4.1.5 占用耕地

1990~2015 年，农村居民点用地扩张过程中占用了大量耕地，扩张面积中97.13%来源于耕地，而占用林地、园地、水域等其他用地的比例仅占2.87%。由此可以看出，农村居民点的扩张以占用耕地为主，这与农村居民点的空间布局密切相关。在农村地区，大多数农村居民点周边环绕着耕地。因此，当农村居民点发生边缘扩张时，必然会占用大量耕地；而当农村居民点以飞地式扩张时，除部分特殊情况需要外，地势平坦、交通便利的位置是其优先选择，而这些位置上的土地往往是耕地。

1990～2015年，城镇扩张面积为7962.29平方千米。其中，占用耕地和农村居民点用地面积分别为6321.73平方千米和1340.98平方千米，二者占城镇扩张用地面积的比重高达96.24%。城镇扩张占用林地、园地、水域等用地面积较少，仅占3.76%。这一方面是由于林地、园地等类型用地在华北平原面积比重较小；另一方面，相比耕地，这些类型用地转为建设用地的经济成本较高或适宜性较低。

综上所述，1990～2015年华北平原城乡居民点用地扩张均较为明显，但农村居民点用地扩张面积大于城镇扩张面积，并且农村居民点用地扩张占耕地的比重更高。

4.2 空间结构特征的变化

4.2.1 城镇趋向性变化

1990～2015年，城镇趋向性的变化主要体现在两个方面，即城镇影响范围的变化和城镇影响范围内农村居民点密度的变化。

从城镇影响范围来看，乡镇的影响范围变大，由4千米增加至4.5千米；县城和地级市的影响范围减小，分别由6千米和15千米减小至5千米和10千米；直辖市的影响范围保持不变（见表4-1）。

表 4 - 1   1990 ~ 2015 年农村居民点用地城镇趋向性变化

年份	乡镇		县城		地级市		直辖市	
	影响范围 （千米）	密度梯度 变化率 （%）	影响范围 （千米）	密度梯度 变化率 （%）	影响范围 （千米）	密度梯度 变化率 （%）	影响范围 （千米）	密度梯度 变化率 （%）
1990	4	1.53	6	2.11	15	0.42	15	0.52
2015	4.5	2.78	5	1.34	10	0.44	15	0.80

资料来源：笔者根据计算结果绘制。

从农村居民点密度的梯度变化率来看，1990 年在县城影响下的农村居民点密度的梯度变化率最大，为 2.11%；乡镇影响下的农村居民点密度梯度变化率次之，为 1.53%；地级市和直辖市影响下的农村居民点梯度变化率较小，分别为 0.42% 和 0.52%（见表 4 - 1）。这表明 1990 年县城对农村居民点的凝聚作用最强。而 1990 ~ 2015 年，县城影响下农村居民点密度的梯度变化率呈下降趋势；乡镇、地级市和直辖市影响下的农村居民点密度的梯度变化率呈增强趋势，并且乡镇影响下的农村居民点密度的梯度变化率已经超越了县城影响下的对应值。

综上所述，研究期内华北平原农村居民点用地的县城凝聚力呈现出减弱趋势，乡镇凝聚力具有加强趋势，并且乡镇凝聚力已经超越县城凝聚力，对农村居民点用地的凝聚作用最强。此外，乡镇和县城对农村居民点的凝聚作用仍显著大于地级市和直辖市。

4.2.2 道路趋向性变化

1990 年农村居民点仅表现出国道趋向性，并且较为微弱。在国道的影响下，农村居民点密度的梯度变化率仅为 0.64%（见表 4 - 2）。这可能是由于改革开放以前，我国农村居民点的空间分布可以说是农业经济的体现，其分布主要是由粮食生产能力所决定的。尽管至 1990 年，经历了十年的发展，但改革开放十年来农村的发展速度有限。因此，农村居民点的道路趋向性并不明显。

表 4 - 2　　　　　　1990~2005 年农村居民点用地道路趋向性变化

年份	国道		省道		县道	
	影响范围（千米）	密度梯度变化率（%）	影响范围（千米）	密度梯度变化率（%）	影响范围（千米）	密度梯度变化率（%）
1990	3	0.64	—	—		
2015	4	0.63	4	0.43	6	2.43

资料来源：笔者根据计算结果绘制。

　　1990~2005 年，农村居民点的国道趋向性略有减弱，而省道和县道趋向性加强，并且相比国道和省道趋向性，农村居民点的县道趋向性最强（见表 4 2）。这期间，在快速城镇化和工业化等的驱动下，我国的社会经济发展水平得到了很大的提高。尤其是近几年，随着国家对三农问题的重视，加强了对农村的扶持力度和政策倾斜，农村地区得到了快速的发展，华北平原大部分地区实现了道路村村通工程。一方面，道路建设时需要考虑农村的布局，以降低出行成本、提高出行便利程度；另一方面，道路的走向也影响农村居民点新建住房的选址。因此，近年来农村居民点的道路趋向性显著加强。此外，相比国道和省道，县道对于农村地区而言，数量更多、密度更高，更加贴近生活、符合当地生活、生产需求，故农村居民点的县道趋向性更加明显。

4.2.3　河流趋向性变化

　　与 2015 年类似，1990 年农村居民点用地斑块在空间分布上不具有河流趋向性。从农村居民点用地斑块的密度变化来看，1990 年农村居民点用地斑块的密度未表现出随河流距离的增加而递减的特征，而是在 8 千米范围内递增，超过该距离范围后呈递减趋势（见表 4 - 3）。

表 4 – 3 1990 年农村居民点用地河流趋向性

距河流距离（千米）	数量（个）	密度（个/平方千米）
<1	18886	0.485
1~2	17926	0.534
2~3	16460	0.548
3~4	14975	0.568
4~5	13342	0.583
5~6	11613	0.586
6~7	9975	0.589
7~8	8337	0.590
8~9	6599	0.576
9~10	5034	0.553
10~11	3893	0.544
11~12	2964	0.533
12~13	2240	0.521
13~14	1641	0.493
14~15	1225	0.468
≥15	3349	0.399

资料来源：笔者根据计算结果绘制。

4.3 不同乡村发展类型农村居民点用地变化的比较

4.3.1 基本特征的比较

1990~2015 年，华北平原农村居民点的变化整体上呈现出数量增多、总面积增大、人均面积减小、形状更加复杂等特征；不同乡村发展类型农村居民点变化的差异性主要表现在数量、总面积和人均面积等方面，而平均斑块面积的差异性较小（见表 4 – 4）。

表4-4　　1990～2015年不同乡村发展类型农村居民点用地变化差异

类型	数量（个）	总面积（平方千米）	平均斑块面积（平方千米）	人均面积（平方米）	平均形状指数
工业主导型	3	12.18	0.06	12.25	0.22
均衡发展型	51	3.80	0.00	-14.77	0.16
农业主导型	16	18.25	0.01	-7.97	0.20
三产主导型	-1	0.82	-0.01	-20.35	0.15
华北平原	30.28	7.38	0.01	-9.56	0.17

资料来源：笔者根据计算结果绘制。

　　农业主导型县域内农村居民点变化的主要特征为数量和面积的双高增长，尤其是安徽省利辛县、怀远县、泗县、灵璧县和五河县等。农业主导型县均农村居民点增加面积为18.25平方千米，显著高于其他乡村发展类型；县均农村居民点增加数量为16个，仅次于均衡发展型；平均形状指数的县均增加值为0.20，相对较为明显（见表4-4）。结合华北平原实际情况可以发现，随着近年来国家对三农问题的重视，对农村地区的政策倾斜和基础设施投入加大等，农村地区得到了快速发展，农民收入水平有了显著提高，由此也导致农民改善住房居住条件和生产条件的愿望强烈。部分农村地区，尤其是安徽省的部分县域，出现大量沿路新建农村居民点的现象，导致农村居民点的数量和面积均显著增加。

　　工业主导型县域内农村居民点的变化呈现出数量增加较少、面积增加较多，并伴随形状更复杂的特征。县均农村居民点数量的增加量仅为3个，但农村居民点总面积却增加了12.18平方千米，并且农村居民点形状指数增加了0.22，在各乡村发展类型中增加最多（见表4-4）。究其原因，主要包括以下几个方面：首先，工业主导型县域内农村居民点扩张以边缘扩张方式为主，这使得农村居民点数量增加有限，面积增加却较多；其次，工业主导型县域内距离较近的几个农村居民点由于扩张而连接合并为一个农村居民点，使得农村居民面积增加，数量反而减少。

　　第三产业主导型农村居民点的变化在各乡村发展类型中最小，并且农村居民点数量和平均斑块面积均略有减少趋势，是各乡村发展类型中唯一出现减少的类型。该类型县域在 1990~2015 年，县均农村居民点数量每减少一个，县均农村居民点平均斑块面积也减少 0.01平方千米，县均农村居民点面积仅增加 0.82 平方千米（见表4-4）。由于该类型县域多为市辖区及其周边县域，快速的城市扩张是导致农村居民点数量减少的一个主要原因。此外，需要注意的是，尽管该类型农村居民点数量和面积在两个时点之间的差异较小，但这并不说明研究期内农村居民点变化较小，而是农村居民点的扩张和由于城市扩张占用等导致的农村居民点萎缩相抵消的结果。

均衡发展型县域内农村居民点的变化主要表现为数量增加，在各乡村发展类型中数量增加最多。1990~2015 年，均衡发展型县域内县均农村居民点的数量、面积和平均形状指数分别增加了 51 个、3.80平方千米和 0.16。

4.3.2 空间结构特征的比较

对于乡镇凝聚力而言，1990~2015 年仅工业主导型的乡镇凝聚力呈现出减弱趋势，农村居民点密度的梯度变化率由 1990 年的 2.78% 减小为 2.27%；农业主导型、工业主导型和均衡发展型的乡镇凝聚力均具有增强趋势，并且农业主导型农村居民点密度梯度变化率的增加幅度最大，由 1990 年的 1.45% 增加至 2015 年的 3.59%（见表4-5）。

表 4-5　1990 年、2015 年不同乡村发展类型农村居民点密度梯度变化率

城镇	农业主导型（%）		工业主导型（%）		第三产业（%）		均衡发展型（%）	
	1990 年	2015 年	1990 年	2015 年	1990 年	2015 年	1990 年	2015 年
乡镇	1.45	3.59	2.78	2.27	3.12	5.20	1.68	3.70
县城	—	2.65	3.17	—	4.45	1.81	1.85	1.98
地级市	—	0.78	—	0.36	0.91	1.25	0.69	—
直辖市	—	—	0.86	0.80	0.73	—	—	0.42

资料来源：笔者根据计算结果绘制。

从县城凝聚力来看，仅第三产业和均衡发展型县域内农村居民点在 1990 和 2015 年均表现出县城趋向性。其中，第三产业主导型农村居民点密度的梯度变化率由 4.45% 减小为 1.81%；而均衡发展型农村居民点密度的梯度变化率则由 1.85% 增加为 1.98%。农业主导型和工业主导型县域内农村居民点则分别仅在 2015 年和 1990 年表现出县城趋向性，农村居民点密度的梯度变化率分别为 2.65% 和 3.17%。

第三产业主导型是唯一在 1990 年和 2015 年均表现出地级市趋向性的类型，农村居民点密度的梯度变化率由 0.91% 增加至 1.25%。农业主导型和工业主导型农村居民点的空间分布在 2015 年具有地级市趋向性，相应的密度梯度变化率分别为 0.78% 和 0.36%。均衡发展型农村居民点仅在 1990 年具有地级市趋向性。

直辖市对农村居民点的影响相对较小，各发展类型县域农村居民点密度的梯度变化率均相对较小。仅距离直辖市较近的工业主导型地区的农村居民点在 1990 年和 2015 年均表现出直辖市趋向性；农业主导型农村居民点不具有直辖市趋向性；第三产业主导型和均衡发展型农村居民点也仅分别在 1990 年和 2015 年具有直辖市趋向性，但农村居民点密度梯度变化率仅为 0.73% 和 0.42%。

1990 年农业主导型、工业主导型和第三产业主导型农村居民点的空间分布具有国道趋向性，但在 2015 年则均不具有国道趋向性；与之相反，均衡发展型农村居民点在 2015 年则表现出国道趋向性（见表 4 - 6）。

表 4 - 6　1990 年、2015 年不同乡村发展类型农村居民点密度梯度变化率

道路级别	农业主导型（%）		工业主导型（%）		第三产业（%）		均衡发展型（%）	
	1990 年	2015 年	1990 年	2015 年	1990 年	2015 年	1990 年	2015 年
国道	1.96	—	1.04	—	0.51	—		1.4
省道	1.42	1.60	1.23	—	1.18	1.33		0.62
县道	2.90	2.36						2.11

资料来源：笔者根据计算结果绘制。

农业主导型、第三产业主导型和均衡发展型农村居民点的省道趋向性均呈现出加强趋势；而工业主导型农村居民点的省道趋向性则呈现出减弱趋势。

在县道的影响下，农业主导型农村居民点密度的梯度变化率由1990年的2.90%减小为2015年的2.36%；均衡发展型农村居民点则仅在2015年呈现出县道趋向性；其他发展型类型农村居民点没有表现出县道趋向性。

1990年和2015年不同发展类型的农村居民点均不具有河流趋向性。

4.4 小 结

本章以1990年和2015年两期农村居民点用地数据为基础，从农村居民点用地的规模、形状、密度变化以及变化模式、占用耕地等方面分析了农村居民点用地变化的基本特征；并分析了农村居民点用地的城镇趋向性、道路趋向性和河流趋向性等空间结构特征的变化。在此基础上，对不同乡村发展类型的农村居民点变化的差异性进行了比较分析。

1990~2015年，华北平原农村居民点用地的总体规模在增大，整体上呈现出数量增多、面积扩大、比重升高的趋势。农村居民点用地斑块数量、总面积、面积占比分别增加了6482个、1813.14平方千米、0.71%。单个农村居民点用地斑块面积及斑块之间的差异均呈增大趋势，农村居民点用地斑块的平均面积、最大斑块面积和面积标准差分别增加了0.005平方千米、3.31平方千米、0.06。人均农村居民点用地规模略有减少，仅减小了5.23平方米/人。农村居民点用地斑块的平均形状指数和密度的变化较小，但仍有一定的不规则和加密发展趋势。此外，华北平原农村居民点用地变化模式包括原地扩张、飞地扩张、原地萎缩、城镇占用和整理利用五种模式。其中，原地扩张模式是华北平原农村居民点变化的主要模式，而原地萎缩则是农村居民点面积减少的主要模式。1990～2015 年，华北平原城乡居民点用地扩张均较为明显，但农村居民点用地扩张面积大于城镇扩张面积，并且农村居民点用地扩张占用耕地的比重更高。

　　在空间结构特征方面，华北平原农村居民点用地的县城凝聚力呈现出减弱趋势，乡镇凝聚力具有加强趋势，并且乡镇凝聚力已经超越县城凝聚力，对农村居民点用地的凝聚作用最强。农村居民点的国道趋向性略有减弱，而省道和县道趋向性加强，并且相比国道和省道趋向性，农村居民点的县道趋向性最强。1990～2015 年，农村居民点用地在空间分布上均不具有河流趋向性。

　　不同乡村发展类型农村居民点基本特征变化的差异性主要表现在数量、总面积和人均面积等方面，而平均斑块面积的差异性较小。农业主导型县域内农村居民点变化的主要特征为数量和面积的双高增长；工业主导型县域内农村居民点的变化呈现出数量增加较少、面积增加较多，并伴随形状更复杂的特征；第三产业主导型农村居民点的变化在各乡村发展类型中最小，并且农村居民点数量和平均斑块面积均呈略有减少趋势，是各乡村发展类型中唯一出现减少的类型；均衡发展型县域内农村居民点的变化主要表现为数量增加，在各乡村发展类型中数量增加最多。不同乡村发展类型农村居民点的城镇和道路趋向性变化差异均较大。

5

农村居民点用地空间分布的
影响因素分析

    农村居民点用地的空间布局，是农村居民在漫长的历史长河中，适应自然、改造自然、择优而居的过程中长期积累的结果。在此过程中，自然资源禀赋、区位、交通条件和社会经济发展水平、风俗习惯等都可能会不同程度地影响农村居民点用地的空间布局。

    本章采用 Logistic 回归模型，分析空间某一位置用地类型为农村居民点用地的主要影响因素。模型中，二分类因变量为某一地点用地类型是否为农村居民点，自变量为所选的各种潜在影响因素。

5.1　潜在影响因素选取

    农村居民点用地的空间布局是研究人地关系的基础，相关学者对此进行了大量研究。通过对相关文献的阅读，不难发现尽管由于研究区域不同，研究者的视角、学科的差异以及数据可获取性等因素的影响，不同的研究者所考虑的影响因素不尽相同，但主要涉及自然、社会经济、可达性、邻域因素和政策等方面（Li et al., 2013；Zhou et al., 2013）。结合数据的可获取性，本研究中从自然条件、社会经济和可达性等方面，选取了 11 个农村居民点用地空间分布的潜在影响因素进行分析（见表 5 – 1）。

表 5 – 1 　　　　　农村居民点用地空间布局的潜在影响因素

分类	潜在影响因素
自然因素	年平均降水量
	年平均气温
社会经济	距直辖市距离
	距地级市距离
	距县城距离
	距乡镇距离
	距 1990 年农村居民点用地的距离
可达性因素	距国道距离
	距省道距离
	距县道距离
	距河流距离

资料来源：笔者根据研究内容绘制。

5.1.1　自然因素

通常，自然因素包括海拔、坡度、降水量和温度等。自然因素对农村居民点用地的布局具有重大影响。我国是一个典型的农业大国，历史上降水量和温度等的组合决定了该区域农业发展的潜力，具备较好的光热组合的地区往往成为人口密集区；海拔和坡度则会影响居住的适宜性，较高的海拔和较大的坡度意味着生活条件较差，建筑、交通成本较高，适宜性相对较差，地势平坦的平原区通常是定居的优先理想选择。但考虑到华北平原地势平坦、坡度较小，本书未将海拔和坡度作为潜在的自然影响因素。

5.1.2　社会经济因素

城镇的中心往往是该区域社会、经济、政治和文化的中心，基础设施建设较为完善，教育、医疗等公共服务水平更高。一般而言，距离城镇中心越近，其与城镇的联系越紧密，更容易承接城镇外溢功能，从而促进本地发展，增加就业机会，提高农村收入和生活水平。因此，城镇中心周边也是农村居民点优先布局的区域。田光进等（Tian et al., 2014）研究北京市农村居民点的变化时，发现农村居民点的动态模式可以分为边缘扩张、分散和城市侵蚀三种，其中边缘扩张是农村居民点用地动态变化的主要模式。此外，朱凤凯等（Zhu et al., 2014）指出，我国改革开放以前，农村居民点是农业经济时期的终极形态，农村居民点的区位长期处于相对稳定状态。据此可知，历史时期农村居民点的空间分布，必然对现在的农村居民点的空间分布具有重要影响。因此，结合数据的可获取性，本书选择距直辖市、地级市、县城和乡镇的距离以及距1990年农村居民点的距离来反映社会经济因素。

5.1.3　可达性因素

"要致富，先修路"，劳动人民在实践过程中很早就意识到交通的重要性。良好的交通不仅为区域内部居民提供了便利的生产和生活条件，而且缩短了区域之间的交通成本，加强了区域之间的联系。以往的研究也表明，随着距道路、河流距离的增加，农村居民点的数量逐渐减少（马利邦等，2012）。由此看来，交通可达性对于农村居民点的发展具有至关重要的作用。出于安全和效率等因素的考虑，铁路和高速公路具有封闭性，其对周边居民点的影响也有限。谈明洪等也曾指出高速公路和铁路对城市扩张没有明显的影响（Tan et al., 2014）。

基于以上分析可知，影响农村居民点布局的潜在可达性因素主要包括公路和河流等。考虑到我国的公路按照道路行政等级可以分为国道、省道、县道、乡道等，不同等级的道路所发挥的作用和意义各不相同，其对农村居民点空间布局的影响必然有所差异。综合以上分析，结合数据可获取性，本研究中选取的可达性因素的量化指标为距国道、省道、县道和河流的距离。

5.2 数据预处理

5.2.1 潜在影响因素量化

这一部分主要是利用各影响因素的原始数据，制作相应的栅格表面数据。对于自然因素中各站点的年均降水量和年均气温数据，采用空间插值方法获取华北平原年均降水量和年均气温数据的空间分布图；社会经济因素和可达性因素均为距离变量，使用 Arc-GIS10.1 中的欧氏距离功能生成各因素的空间栅格表面。其中，通过遥感解译获得的 1990 年农村居民点用地数据，先利用 ArcGIS10.1 中的 Feather to point 功能转为空间点图层，然后再生成相应的栅格表面。

5.2.2 空间采样

应用 Logistic 逻辑回归模型分析农村居民点用地空间分布影响因素时，有两个问题需要注意：首先是数据量问题，华北平原在 30 米空间分辨率下共有 22298 × 28775 个单元格。大部分统计软件无法处理如此大的数据量，即使能够处理效率也极低（Li et al., 2013；Luo and Wei, 2009）；另外，农村居民点用地的空间分布及相关影响因素都可能具有空间自相关性，这可能会导致 Logistic 回归模型产生偏估计（Li et al., 2013）。

空间采样可以解决以上问题。但考虑到 Logistic 回归模型基于最大似然估计算法，小样本可能会降低模型结果可靠性（Cheng and Masser, 2003）。因此，选择合理的采样大小至关重要。系统采样能够有效地降低空间相关性，但是当样本空间分布并不均匀的时候，系统采样可能会造成重要信息的丢失，而且当采样的距离间隔过大时，采样数据对总体的代表性也会减弱（Cheng and Masser, 2003；Luo and Wei, 2009）。随机采样能够有效地代表总体，但在降低空间依赖性尤其是局部空间依赖性方面能力较弱（Cheng and Masser, 2003；Luo and Wei, 2009）。基于此，学者提出了系统采样和随机采样相结合的采样方法，以解决数据中的空间相关性问题（Cheng and Masser, 2003）。大量研究表明，系统采样和随机采样相结合的方法能够有效解决上面提到的数据量过大和空间自相关这两个问题（Luo and Wei, 2009；Xiao et al., 2015；Dong et al., 2016）。因此，参考以往研究，本书也采用系统采样和随机采样相结合的方法对数据进行采样处理。

首先进行系统采样，参考相关研究（Cheng and Masser, 2003；Luo and Wei, 2009；Xiao et al., 2015），本书根据 Moran's I 来确定系统采样间隔。经多次试验，发现当系统采样间隔为 3 千米时，大部分连续性变量的空间自相关性显著降低（见图 5-1），并且数据量大小合适。尽管 3 千米之后，大部分连续性变量的 Moran's I 仍呈波动减小趋势，但减小值有限，至采样间隔 10 千米时的 Moran's I 与 3 千米时的 Moran's I 相差不大，且 10 千米时采样点总量仅为 2544 个，对华北平原的代表性有限。

因此，以 3 千米为采样间隔（东西和南北方向上间隔均为 3 千米），在华北平原范围内进行系统采样，共获得 28286 个采样点。然

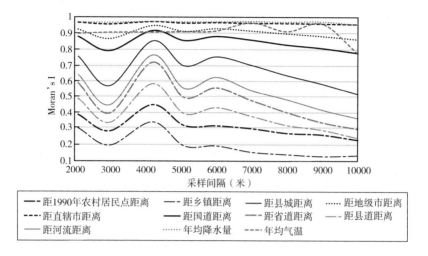

图 5 - 1 不同采样尺度上连续性变量的 Moran's I

资料来源：笔者根据计算结果绘制。

后，基于农村居民点的面图层，进行空间位置选择，选择出落在农村居民点面图层上的采样点，并将其属性设置为农村居民点，其他的采样点属性设置为非农村居民点。

结果中，采样点属性为农村居民点的采样点个数为 2964 个，占采样点总量的 10.48%。而在 30 米空间分辨率下，华北平原农村居民点栅格数量占华北平原总栅格数量的比重为 10.37%。二者比例相当，这表明系统采样能够有效代表华北平原总体情况（Hu and Lo，2007）。但由于华北平原中农村居民点用地面积远小于其他类型用地面积，因此，采样点属性为农村居民点的采样点数量远小于采样点属性为非农村居民点的个数（25322 个）。为了得到无偏估计，笔者在此基础上进行了随机采样。需要指出的是这次随机采样是在其他用地类型上进行的，并且考虑到城镇用地一般不可能转化为农村居民点用地，为保证模型精度，将城镇用地从其他用地类型中剔除（Shu et al.，2014），最终得到 5928 个采样点，且采样点属性为农村居民点和非农村居民点的采样点数量相等。以上采样分析过程均在 ArcGIS 10.1 中完成。

进一步地，利用 ArcGIS 10.1 中的空间分析功能，从各潜在影响因素的栅格图层中，提取各采样点所对应的值，并用于后续 Logistic 回归分析。

5.3　模型结果与分析

采用向前的逐步回归法，最终得到的 Logistic 回归模型结果如表 5 -2所示。笔者进一步对进入回归方程的自变量进行了多重共线性检验，根据方差膨胀因子小于 10 的标准可知，自变量之间不存在显著的多重共线性问题。R^2 为 0.29，相对较低。相关研究中也曾得到 R^2 为 0.279 的情况（Shu et al., 2014）。正确预测百分比为72.1%，ROC 曲线下的面积为0.83。

进入最终 Logistic 回归模型的变量为距 1990 年农村居民点距离、距国道距离和距省道距离，标准化回归系数分别为 - 2.56、- 0.09 和 - 0.06。从标准化回归系数的绝对值大小来看，距原有农村居民点距离的回归系数显著大于距国道距离和距省道距离的标准化回归系数，前者约为后者的 28 倍和 43 倍。这表明华北平原农村居民点空间分布的主导影响因素为 1990 年农村居民点的空间分布。三者的符号均为负，表明越靠近国道、省道和 1990 年农村居民点的位置，2015 年用地类型为农村居民点的可能性越大。

表 5 - 2　　　　　　　　　　Logistic 回归模型结果

变量	标准化回归系数	方差膨胀因子
年平均降水量	—	—
年平均气温	—	—
距直辖市距离	—	—
距地级市距离	—	—

变量	标准化回归系数	方差膨胀因子
距县城距离	—	—
距乡镇距离	—	—
距 1990 年农村居民点用地距离	− 2.56	1.04
距国道距离	− 0.09	1.02
距省道距离	− 0.06	1.02
距县道距离	—	—
距河流距离	—	—
数量	5928	
R²	0.29	
正确预测百分比	72.1%	—
ROC 曲线下面积	0.83	—

资料来源：笔者根据计算结果绘制。

5.4 结论与讨论

5.4.1 自然因素对农村居民点用地布局的影响

本书研究发现年均降水量和年均气温等自然因素对华北平原农村居民点的空间布局均没有影响。田光进等发现降水量和气温等因素对农村居民点的空间分布的影响具有显著的区域差异性，在华北平原及长江中下游区域，年平均气温与农村居民点的密度呈现出显著的正相关关系，而年均降水量与农村居民点的密度没有明显的关系（Tian et al., 2012）。这与本书的研究基本一致。

进一步分析可知，华北平原的年均降水量和气温分别介于 449 ~ 1029 毫米和 11.1° ~ 15.9°，且均呈现出由北往南递增的特征。雨热同期，夏季高温多雨，冬季寒冷干燥，为农作物生长创造了良好的条件，大多为两年三熟，华北平原南部为一年两熟，使之成为我国的粮食主产区。而农村居民点的布局是人与自然长期相互作用的结果，尤其是在农耕社会，农村居民点的布局很大程度上是由土地的粮食生产能力决定的。

由此看来，年均降水量和年均气温等自然因素对于农村居民点的布局而言并非不重要，而是由于华北平原年均降水量和年均气温均较适宜，不是农村居民点布局的限制因素。因此，这些自然因素对华北平原内某一地点用地类型是否为农村居民点没有显著影响。

5.4.2 社会经济因素对农村居民点用地布局的影响

本书研究发现农村居民点的空间布局主要受到 1990 年原有农村居民点的影响。这与杨忍等的研究结果并不一致，在其对环渤海地区的研究中，所选的 16 个潜在影响因素均进入回归方程，并且回归系数大小没有显著差异，即这 16 个影响因素同时影响农村居民点的空间分布，并且各影响因素的相对作用大小并没有显著差异（Yang et al., 2015）。

进一步深入分析田光进等（Tian et al., 2014）、谈明洪和李秀彬（Tan and Li, 2013）等人研究成果，发现他们的研究结论与本书的发现可以互相支持，只不过是从不同的角度进行了分析和量化。

田光进等指出北京市农村居民点用地变化主要包括三种模式：边缘扩张、分散和城市侵蚀，其中以边缘扩张为主，所占比例最高可达 97.9%。然而农村居民点以边缘扩张方式发展时，其位置、数量均保持不变，仅农村居民点之间的距离略有改变（Tian et al., 2014）。因此，这种模式下农村居民点的空间布局并不会产生很大变化（见图 5-2）；即使农村居民点新增面积和形状均与边缘扩张模式下相同，由于分散式扩张是在新的位置新建农村居民点，导致农村居民点的数量增多、密度增大，变得更加集聚，改变了农村居民点的空间分布格局（见图5-2）。基于以上分析可知，1978~2008年北京市农村居民点以边缘扩张为主，表明2008年农村居民点的空间布局主要受1978年农村居民点的空间布局的影响，并基本保持不变。这支持了本书的研究结论。

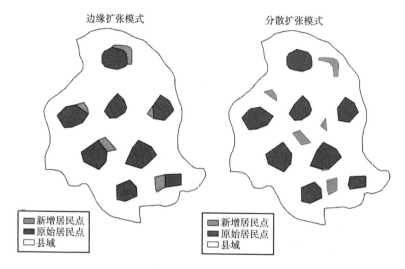

图5-2　不同扩张模式下农村居民点用地变化情况

资料来源：笔者根据研究内容绘制。

谈明洪和李秀彬发现1970年北京市大兴区农村居民点在农村地区呈均匀分布（Tan and Li，2013）。经过30年的发展，尽管农村居民点面积增加了近一倍，但从其空间扩张来看，也主要是以边缘扩张为主，这也导致2007年农村居民点在空间分布上仍然呈均匀分布状态。表明1970年农村居民点的空间分布决定了2007年农村居民点的空间分布。以上发现也与本书的研究结论一致。

张佰林等（2015，2016）指出农村居民点的数量和空间分布的变化主要发生在1949年以前，而新中国成立以来农村居民点的变化以功能变化为主，农村居民点的数量基本保持不变。这与本书的结论一致。华北平原农村居民点的空间分布，可以看作在"资源充足，耕作半径约束"的前提下，经历了竞争、选择和积累之后的一个相对稳定、均衡的状态。

社会经济因素中 1990 年农村居民点的空间分布，在很大程度上决定了现状农村居民点的空间分布，而距乡镇、县城距离等其他社会经济因素则没有影响，究其原因，本书认为主要包括以下几个方面。

首先，和平稳定的国内环境、行政边界的相对稳定性及农村土地的集体所有属性。和平稳定的国内环境为农民安居乐业、健康发展提供了保障。村为我国最小的基本行政单元，除重大整治工程导致的迁村并点等，各村的行政界线基本保持不变，而村域内的土地为集体所有，这使得农村居民点的变化主要在本村区域内进行。

其次，农村居民的定居习俗和继承性（Tan and Li，2013）。《汉书·元帝纪》中记载了"安土重迁，黎民之性；骨肉相附，人情所愿也"，这生动地反映了我国农民留恋故乡，不轻易搬迁的传统习俗。尤其是在过去，大多数农民对于故乡具有认同感和归属感，他们世代相传，安居于故乡。即使是现在，虽然大量农民工进城打工，但除了少数留在城市外，他们当中的绝大部分最终都会回到农村。

再次，我国的城乡二元结构及户籍制度。我国是一个典型的农业大国，尤其是改革开放以前，我国城镇化水平较低，城镇对农村居民点的吸引力不足，农村地区自给自足的小农经济盛行。此外，户籍制度限制了人口的流动，进一步削弱了城镇对农村居民点的影响力。

最后，人类具有群居特性。无论是过去出于安全的考虑，还是目前出于集约节约高效用地等的考虑，人类的群居性使得农村居民大多集聚在一起生活，形成一个具有一定规模的农村居民点，而非单门独户独自生存。这也使得大多数农村居民点的扩张主要以边缘扩张为主。

5.4.3 可达性因素对农村居民点用地布局的影响

在可达性因素中，仅距离国道距离和距省道距离对农村居民点的空间分布的影响具有显著性，但其作用力较为微弱。距县道、河流距离等可达性因素对农村居民点的空间布局均没有影响。谈明洪和李秀彬指出农村居民点呈均匀分布状态（Tan and Li, 2013），表明道路、河流等可达性因素对农村居民点的布局影响较为微弱或没有影响。

河流的主要作用是提供饮用水源和灌溉，甚至是交通运输。我国自古就有"南船北马"之说，即河流的交通运输作用在北方相对较弱，再加上现代道路的发展和普及，河流的运输作用就更加弱化。虽然河流还发挥着一定的饮用水源和灌溉作用，但由于技术的进步，其对农村居民点的影响也逐渐在减小。基于以上分析，不难理解农村居民点的空间布局不受河流位置的影响。

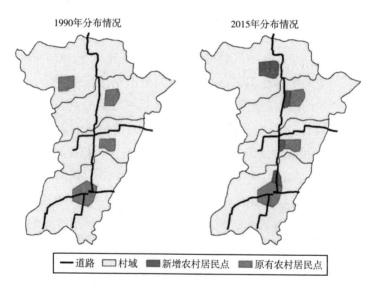

图5-3 道路逼近情况下农村居民点用地空间分布情况

资料来源：笔者根据研究内容绘制。

而对于省道和县道而言，一方面由于行政区划的限制，尽管农村居民点的扩张具有道路趋向性，但这些新增农村居民点也只是向本村内的道路逼近，这种变化并不影响华北平原农村居民点的整体格局（见图5-3）。另一方面，华北平原交通网路密集、交通设施完善，农村居民点距道路（国道、省道和县道）的平均距离为1.66千米，

84.42%的农村居民点分布在距道路 3 千米的范围以内，高达 93.34%的农村居民点分布在距道路 4 千米的范围以内。而且大部分地区已经实现道路村村通工程，各村交通较为便利，道路不再是限制农村居民点布局的主要因素。此外，相关研究也表明农村居民点的空间分布格局直接影响着交通线路的走向和交通流量（海贝贝等，2013；李小建，2009）。

5.5　小　结

本章从自然、社会经济和可达性三个方面选取了 11 个潜在影响因素，采用空间采样和 Logistic 逻辑回归模型相结合的方法，对华北平原某一位置用地类型是否为农村居民点的影响因素进行了分析。结果表明，仅距 1990 年农村居民点距离，距国道距离和距省道距离对 2015 年农村居民点空间分布的影响表现出显著性，相应的标准化回归系数分别为 -2.56、-0.09 和 -0.06。这表明一方面，距 1990 年农村居民点、国道、省道距离越近，该区域为农村居民点用地的可能性越大；另一方面，国道和省道对农村居民点空间分布的影响较为微弱、有限，华北平原 1990 年农村居民点的空间分布决定了目前农村居民点用地的空间分布格局，农村居民点空间格局的变化以边缘扩张为主。需要指出的是，这并不表明年均降水量、年均气温、城镇、道路等对农村居民点的空间分布不重要，而是由于华北平原雨热组合较好，城镇密布，交通网路发达，因此这些因素不会成为限制农村居民点分布的显著因素。

综上所述，华北平原农村居民点的空间格局，可以看作是在国内和平稳定环境中，资源充足前提下，受耕作半径约束，经历了充分的选择、竞争等长期积累之后达到的一个相对稳定、均衡的状态。

6

农村居民点用地变化的驱动因素分析

空间数据通常具有空间效应，包括空间自相关效应和空间尺度效应。传统的回归模型没有考虑数据的空间自相关性问题，这会导致模型结果的可信度降低，甚至出现错误的结果（Cheng and Masser，2003）。空间回归模型考虑了空间自相关效应，并将其纳入回归方程中（Su et al.，2011）。但需要指出的是，空间回归模型仍是一个全局模型，即将整个研究区作为一个整体，只给出一个回归方程，这显然无法反映区域差异性。为此，本章进一步引入地理加权回归模型，从局部的视角挖掘农村居民点变化与其驱动因素之间关系的空间差异性（Luo and Wei，2009；Shafizadeh-Moghadam and Helbich，2015）。此外，为了解决空间尺度效应，本章分别在多个网格尺度和县域尺度上分析了农村居民点用地变化的驱动因素。

6.1 网格尺度农村居民点用地变化的地理决定因素分析

6.1.1 地理决定因素的选取

考虑到人口、GDP 等社会经济数据以及土地利用政策等大多基于行政单元，难以精确量化到网格尺度（Tan et al., 2014）。因此，在网格尺度上本章未考虑这些因素，而仅对农村居民点用地面积变化的地理决定因素进行分析（Li et al., 2015；Tan et al., 2014；Zhang et al., 2013）。参考相关研究，结合数据可获取性，本章从自然、区位和可达性3个方面，选取了10个地理决定因素。其中，自然因素为年均降水量和年均气温，区位因素包括距直辖市、地级市、县城、乡镇的距离，可达性因素包括距国道、省道、县道和河流的距离。

6.1.2 数据预处理

地理空间数据分析往往会受到空间尺度的影响（Chen et al., 2016）。因此，本章在分析农村居民点用地变化及其地理决定因素的空间关系时，设置了2千米、4千米、6千米、8千米和10千米的空间网格尺度。这样既可以分析空间尺度变化对空间关系的影响，又可以有效避免单一尺度带来的不确定性，还有效地避免了因数据量过大造成软件无法处理或处理效率低下的问题（Li et al., 2015）。

为了保证数据的精确性，通过对原始数据进行欧氏距离计算和空间插值，直接生成各网格尺度上的对应数据。然后利用 ArcGIS10.1 中 Create fishnet 功能可生成2千米、4千米、6千米、8千米和10千米的网格数据及网格中心的点数据。在此基础上，经 Extract multi values to points 和 Join by location 等步骤可将这些地理决定因素的属性值赋予网格数据。进一步计算不同尺度上每个网格内农村居民点用地面积的变化，从而获得既包含农村居民点变化信息又带有地理决定因素属性的各尺度网格数据。在后续的空间回归分析中，因变量为网格中农村居民点用地面积的变化值，自变量为对应网格中各地理决定因素的取值。

6.1.3 基于空间回归模型的分析

首先，利用全局莫兰指数和局部莫兰指数，分析华北平原农村居民点用地面积变化的空间效应（Moran，1950）。全局莫兰指数介于0.37 和 0.65 之间，表明农村居民点用地面积变化具有显著的空间自相关性。并且随着空间尺度由 2 千米逐渐扩大到 10 千米，农村居民点用地面积变化的全局莫兰指数由 0.37 增加至 0.65。局部莫兰指数结果表明农村居民点用地面积变化具有显著的集聚特征。高-高聚类主要分布在黄河以南的皖北-苏北地区，尽管在黄河以北也有分布，但数量较少，分布较为零散；而低-低聚类主要集中在黄河以北的冀鲁交界处。高-低、低-高聚类数量较少，分布零散。

以上分析表明，在 2～10 千米尺度上华北平原农村居民点用地面积变化表现出较强的空间自相关性，这与我们的预期一致。因此，相比于传统的回归模型，使用考虑了空间自相关性的空间回归模型来分析农村居民点用地面积变化的地理决定因素，更具有合理性，其结果也将更加客观、可靠。

进行回归分析之前，使用 Z-score 法对所有变量进行了标准化处理。相关性分析结果表明，大部分自变量与因变量之间具有显著的相关性，但大部分相关系数较低。距河流距离与因变量之间在 6 千米、8 千米和 10 千米尺度上不具有显著相关性，距乡镇距离与因变量之间的相关性在 8 千米和 10 千米尺度上不显著。

表 6-1　各网格尺度自变量和因变量之间的 Pearson 相关系数

自变量	2 千米	4 千米	6 千米	8 千米	10 千米
距直辖市距离	0.141 **	0.198 **	0.238 **	0.263 **	0.286 **
距地级市距离	0.067 **	0.090 **	0.105 **	0.117 **	0.117 **
距县城距离	0.095 **	0.128 **	0.160 **	0.152 **	0.177 **
距乡镇距离	0.020 **	0.027 **	0.026 *	-0.009	-0.007

自变量	2 千米	4 千米	6 千米	8 千米	10 千米
距国道距离	0.053 **	0.075 **	0.088 **	0.094 **	0.108 **
距省道距离	0.030 **	0.044 **	0.052 **	0.050 **	0.064 **
距县道距离	− 0.061 **	− 0.080 **	− 0.090 **	− 0.109 **	− 0.110 **
距河流距离	0.013 **	0.016 *	0.019	0.009	0.017
年均气温	0.135 **	0.189 **	0.227 **	0.251 **	0.274 **
年均降水量	0.177 **	0.249 **	0.300 **	0.331 **	0.360 **

注：** 表明相关性在 0.01 水平上显著（双尾检验）；* 表明相关性在 0.05 水平上显著（双尾检验）。

资料来源：笔者根据计算结果绘制。

为降低各变量之间的多重共线性，使用方差膨胀因子对变量进行筛选，对方差膨胀因子大于 10 的地理决定因素进行逐一剔除、检验，直至所有变量的方差膨胀因子均小于 10。

在此基础上进行空间回归分析，并选取 R^2、AIC 等指标来比较模型效果的差异，R^2 值越大，AIC 值越小，模型越优。表 6 - 2 列出了不同空间尺度上普通最小二乘法回归模型、空间滞后回归模型和空间误差回归模型的 R^2、AIC 值。表 6 - 2 的结果可以总结为三个方面。

表 6 - 2   各网格尺度 OLS、SLM、SEM 的 R^2 和 AIC 比较

空间尺度	R^2			AIC		
	OLS	SLM	SEM	OLS	SLM	SEM
2 × 2 千米	0.044	0.266	0.267	177738	164728	164662
4 × 4 千米	0.085	0.366	0.368	43739	39125	39088
6 × 6 千米	0.120	0.459	0.463	19171	16402	16371
8 × 8 千米	0.144	0.498	0.502	10691	8969	8951
10 × 10 千米	0.168	0.559	0.565	6768	5453	5427

注：OLS 为普通最小二乘法；SLM 为空间滞后回归模型；SEM 为空间误差回归模型。

资料来源：笔者根据计算结果绘制。

首先，在所有尺度上，普通最小二乘法回归模型的 R^2 值，均显著小于空间滞后模型和空间误差模型的 R^2 值；普通最小二乘法回归模型的 AIC 值则均显著大于空间滞后模型和空间误差模型的对应值。这表明空间滞后模型和空间误差模型的执行效果优于普通最小二乘法回归模型。相比于普通最小二乘法回归模型，空间滞后模型和空间误差模型对农村居民点用地变化的解释能力更强。其次，随着空间尺度由 2 千米增加到 10 千米，所有模型的 R^2 值均逐渐增大，AIC 值均逐渐减小。这表明空间尺度越大，模型的执行效果越好。最后，通过比较不同尺度上不同模型的 R^2 值和 AIC 值可知，在所有空间尺度上，空间误差模型均略优于空间滞后模型。

基于以上分析，我们采用空间误差模型分析各地理决定因素与农村居民点用地变化之间的关系，所得结果如表 6-3 所示。

表 6-3 各网格尺度 SEM 空间回归系数

解释变量	2 千米	4 千米	6 千米	8 千米	10 千米
年均降水量	0.16 **	0.23 **	0.31 **	0.33 **	0.35 **
年均气温	0.02	0.02 **	-0.03	-0.04	-0.04
距地级市距离	0.10 **	0.12 **	0.13 **	0.15 **	0.14 **
距县城距离	0.07 **	0.10 **	0.15 **	0.13 **	0.16 **
距乡镇距离	0.06 **	0.06 **	0.03 **	—	—
距国道距离	-0.04 **	-0.05 *	-0.05	-0.04	-0.05
距省道距离	-0.05 **	-0.04 **	-0.02	-0.01	-0.01
距县道距离	-0.06 **	-0.02 **	0.00	-0.02	-0.04
距河流距离	0.02 **	0.02	—	—	—

注：SEM 为空间误差模型；** 表明相关性在 0.01 水平上显著；* 表明相关性在 0.05 水平上显著；"—"表示在该尺度上，该地理决定因素因没有通过相关性检验，而未被作为解释变量参与回归方程。

资料来源：笔者根据计算结果绘制。

从解释变量回归系数的符号来看，除年均气温之外，各解释变量的正负在所有尺度上均保持一致（见表 6-3），这说明该结果并非偶然，可靠性较高。自然因素中年均降水量的符号为正，表明年均降水量越高的地方农村居民点用地扩张的可能性越大。华北平原年均降水量在空间分布上由北往南逐渐递增，而华北平原农村居民点扩张总体上也呈现出南多北少的特征，二者趋势相同。区位因素中距地级市距离、距县城距离和距乡镇距离的符号均为正。这说明距离地级市、县城和乡镇较远的地方农村居民点用地扩张的可能更高，这与实际情况相符。我国正在经历快速城镇化，地级市、县城和乡镇周边地区的农村居民点往往由于城市扩张而被侵蚀；距离城镇稍远的农村居民点在城镇经济发展的辐射带动作用下反而面积增加。可达性因素中距国道距离、距省道距离、距县道距离的符号均为负。即在国道、省道和县道附近，农村居民点用地扩张的可能性越高，这与实际情况相符。尤其是近几年，新增农村居民点的道路趋向性更加明显，大多数新增农村居民点用地沿路分布。距河流距离的符号为负，但仅在 2 千米尺度上具有显著性。

从解释变量回归系数的大小来看，自然因素的回归系数最大，区位因素的系数次之，可达性因素的系数最小。由于年均气温在大部分尺度上对农村居民点面积变化没有显著影响，而年均降水量在所有尺度上均具有显著性。因此，这里所指的自然因素主要是指年均降水量。其系数在 0.16~0.35，明显大于其他因素的回归系数。年均降水量作为一个宏观控制变量，其空间差异是华北平原其他自然、社会经济等差异的基础，是华北平原南北地域差异的综合反映，因此其对农村居民点用地面积变化的影响较大。区位因素的回归系数介于 0.03~0.16，地级市、县城和乡镇通过城镇扩张占用和辐射带动双向影响农村居民点面积变化，其作用范围大多在其行政范围内，小于年均降水量的影响范围；其作用大小则因各城镇的社会经济发展水平和发展阶段而异，但整体上小于自然因素的作用。可达性因素主要是指距国道距离、距省道距离和距县道距离，其回归系数仅在 2 千米和 4 千米两个尺度上显著，并且在 -0.02~-0.06，可达性仅是地区社会经济发展水平的一个方面。因此，其对农村居民点面积变化的影响相对最小。

从解释变量的组合来看，在不同尺度上农村居民点用地面积变化的解释变量的组合并不相同。这表明农村居民点用地面积变化和地理决定因素之间的关系具有空间尺度效应。在 2 千米尺度上，除年均气温之外的 8 个地理决定因素均对农村居民点面积变化具有显著影响。随着空间尺度的增大，部分潜在驱动因素的显著性降低甚至不具有显著性，导致影响农村居民点用地面积变化的地理决定因素数量减少。在 6 千米时，只有区位因素和气候因素中的年均降雨量等 4 个地理决定因素的回归系数具有显著性。当空间尺度为 10 千米时，农村居民点用地面积变化的显著性驱动因素为距地级市、县城距离和年均降水量。这表明随着空间尺度的增大，部分变量在小尺度上的影响可能被掩盖。

综上所述，在网格尺度上农村居民点面积的扩张是自然、区位和可达性等多种因素综合作用的结果，并且各驱动因素的显著性具有空间尺度效应。自然因素年均降水量反映的是宏观的区域差异，其对农村居民点面积变化的影响最大；区位因素距地级市、县城和乡镇距离等则反映的是中观的地区差异，其对农村居民点的影响程度相对较小；可达性因素距国道、省道和县道距离则反映更小的地区内部差异，其对农村居民点面积变化的影响力也最小。

6.1.4 基于地理加权回归模型的分析

为了分析农村居民点用地面积变化与相关地理决定因素之间关系的空间差异性，进一步采用地理加权回归模型来模拟该关系。为简便起见，在此仅以 10 千米尺度为例进行说明。

采用 10 千米尺度上最终全局回归模型的数据集，进行地理加权回归分析。相比于 OLS 模型，GWR 模型具有明显的优势。首先，在采用相同变量数据集的情况下，OLS 模型的 R^2 仅为 0.17（见表 6 - 4），而 WGR 模型的 R^2 为 0.39。这表明 GWR 模型对数据的拟合程度更好，因变量的变异可由解释变量解释的比例更高。其次，尽管 GWR

模型残差的 Moran's I 仍然显著，但相比 OLS 模型残差的 Moran's I (0.55)，GWR 模型残差的 Moran's I (0.39) 明显较低。

更重要的是，不同于全局回归模型中回归系数在整个研究区空间上为一个固定不变的常量，GWR 模型结果中的回归系数在空间上具有较大的空间异质性。距地级市距离和年均降水量回归系数的最小值和下四分位数为负，但其他频率统计指标均为正；距县城距离回归系数的频率统计指标中仅最小值为负。总体而言，距地级市距离、距县城距离和年均降水量大部分系数的符号均为正，这与空间回归模型的结果一致。此外，进一步比较空间回归模型和地理加权回归模型对应系数的取值，可以发现空间回归模型中系数的值介于地理加权回归模型对应系数的变化范围之内。这说明空间回归模型给出的仅是该区域的一个平均值；而地理加权回归模型则针对每一个观察点分别进行了模型，提供了更加丰富的信息。这可为区域差异性管理提供更加精确的参考。

表 6-4　　　　10 千米尺度 GWR 模型回归系数的描述性统计

解释变量	最小值	下四分位数	中位数	上四分位数	最大值
年均降水量	-1.19	-0.19	0.23	0.54	1.35
距地级市距离	-0.38	-0.08	0.06	0.25	0.74
距县城距离	-0.05	0.08	0.11	0.14	0.22

资料来源：笔者根据计算结果绘制。

从空间分布上来看，在华北平原北部的京津冀地区，距地级市距离的回归系数具有显著性并且符号为正；而在华北平原东南部苏北地区和西南部的部分地区，距地级市距离的回归系数具有显著性并且符号为负。相比于华北平原南部的市域范围，北部京津冀地区的市域范围较小，并且社会经济发展水平较高。因此，在京津冀地区，由于城市扩张速度较快，越靠近地级市的农村居民点可能由于城市的扩张而被占用，距离地级市相对较远的农村居民点则在社会经济发展水平整体较好的背景下而扩张。在华北平原南部的苏北地区以及河南和安徽省的部分地区，由于市域范围较大，而城市社会经济发展水平相对较低，对距离较远的农村居民点的辐射带动作用有限，因此，距离相对较近的农村居民点面积扩张更大。

具有显著性的距县城距离回归系数取值范围在 0.00～0.22，空间差异性相对较小，主要分布在华北平原西北部和黄河以南的大部分地区。具有显著性的年均降水量回归系数的符号既有正也有负，并且回归系数的空间差异较大。尽管农村居民点面积变化的趋势整体上与年均降水量一致，由北往南递增，但在局部地区也存在差异。例如，在石家庄市、衡水市、沧州市和滨州市一带的部分县域内，尽管降水量相比华北平原南部地区较小，但受京津冀都市圈经济发展、政策等的影响，其农村居民点面积变化却较大。因此，该区域内年均降水量回归系数符号小于零。

6.2 县域尺度农村居民点用地变化的社会经济因素分析

县域是一系列农村居民点相关政策的实施单元，同时，也是体现农村居民点用地差异的理想单元（Song et al., 2013）。此外，在我国，县域还是能够公开获取社会经济数据的最小行政单元（Li et al., 2015）。因此，本书在县域尺度上进一步分析了农村居民点用地变化差异性的社会经济因素。

6.2.1 社会经济因素选择及预处理

参考相关研究文献，结合数据的可获取性，本书在县域尺度上选取的农村居民点变化潜在驱动因素包括 1990～2015 年城镇化率、乡村人口、农民人均纯收入、生产总值、第一产业增加值、第二产业增加值、第三产业增加值的变化量和道路长度等。各县的道路长度、道路密度是通过叠加县级行政区划和道路专题图获得。为消除各指标单位不同的影响，并比较各驱动因素对农村居民点用地面积变化影响的相对大小，对各指标进行了标准化处理。

相关性分析表明，研究期间第一产业增加值、总人口变化量、乡村人口的变化量以及道路长度与农村居民点用地面积变化之间的相关系数较高且具有显著性；而城镇化率、地区生产总值、第二产业增加值、第三产业增加值和农民人均纯收入等与农村居民点面积变化之间没有显著相关性（见表6-5）。

表6-5　　县域尺度自变量和因变量之间的 Pearson 相关系数

驱动因素	相关系数
城镇化率	-0.10
地区生产总值	-0.01
第一产业增加值	0.37**
第二产业增加值	0.03
第三产业增加值	-0.07
总人口	0.22**
乡村人口	0.28**
农民人均纯收入	-0.01
固定资产投资额	-0.01
道路长度	0.19**
道路密度	0.10

注：** 和 * 分别表示相关性在 0.01 和 0.05 水平上显著（双尾检验）。
资料来源：笔者根据计算结果绘制。

6.2.2　基于空间回归模型的分析

简单的相关性分析可以帮助我们初步判断所选指标两两之间的相

关性，但无法分析因变量受多个自变量影响情况。因此，进一步运行空间回归模型，筛选出对因变量拟合效果最优的回归方程，从而选择出对因变量最具影响性的解释变量（Song et al., 2016）。

根据 R^2 越大、AIC 越小、模型越优的判断标准，可以看出空间滞后模型（SLM）和空间误差模型（SEM）均显著优于最小二乘法回归模型（OLS），并且空间滞后模型略优于空间误差模型（见表 6 - 6）。因此，采用空间滞后模型来分析县域尺度上农村居民点用地面积变化的驱动力。

表 6 - 6　县域尺度 OLS、SLM、SEM 模型的 R^2、AIC 比较

模型	R^2	AIC
OLS	0.20	650.64
SLM	0.69	463.23
SEM	0.69	471.78

注：OLS 为普通最小二乘法，SLM 为空间滞后回归模型，SEM 为空间误差回归模型。
资料来源：笔者根据计算结果绘制。

空间滞后模型的模拟结果如表 6 - 7 所示。在县域尺度上，对农村居民点面积变化具有显著影响的因素为总人口、乡村人口、农民人均纯收入和城镇化率等。其中，仅总人口的回归系数为负，而乡村人口、农民人均纯收入、城镇化率等解释变量的回归系数均为正。

表 6 - 7　农村居民点用地面积变化的 SLM 模拟结果

解释变量	回归系数
常数	- 0.01
总人口	- 0.49
乡村人口	0.61
农民人均纯收入	0.11
城镇化率	0.19

资料来源：笔者根据计算结果绘制。

一般而言，城镇人口越多，城镇化水平越高，农村居民点面积越小；乡村人口越多，农村居民点面积越大。总人口包括城镇人口和乡村人口，总人口的变化情况是城镇人口变化与乡村人口变化的综合结果。此处总人口的回归系数为负，可能是由于城镇人口变化在总人口变化中占主导地位。城镇化率对农村居民点面积的影响也是双向的，在某些地区，城镇化水平越高，在其辐射带动下，乡村经济得到快速发展，使得农村居民点面积扩张；而在另一些地区，城镇化水平越高，城镇扩张速度越快，侵占周边农村居民点，使农村居民点面积减少。本章中城镇化率回归系数为正，表明华北平原大部分地区城镇化水平越高，农村居民点扩张面积越大。乡村人口和农民人均纯收入的回归系数均为正，即乡村人口越多、农民人均纯收入越高，农村居民点扩张面积越大，这与本书的预期一致。

从回归系数的大小来看，乡村人口和总人口的回归系数相对较大，城镇化率的回归系数次之，农民人均纯收入的回归系数最小，分别为 0.61、-0.49、0.19 和 0.11。这表明，在华北平原，人口和城镇化是目前农村居民点扩张的主要驱动因素，而相比之下农民人均纯收入的影响相对较小。结合实际调研情况可知，在农村地区，随着男女青年到达适婚年龄，新建婚房存在刚需。随着农户外出务工、兼业经营等，农民收入来源增多，农民的收入对农村新建住房的限制作用在减小，更多是影响农户对新建住房的投入多少等，而非是否新建住房。

6.2.3 基于地理加权回归模型的分析

为了揭示县域尺度上农村居民点用地面积变化与社会经济因素之间关系的空间非平稳性，进一步采用地理加权回归模型进行了模拟。

与网格尺度上相同，县域尺度上 GWR 在提高模型拟合程度和降低模型残差自相关性等方面也明显优于 OLS 模型，更重要的是，GWR 模型的回归系数具有显著的空间异质性（见表 6-8）。

表 6 – 8   县域尺度 GWR 模型回归系数的描述性统计

解释变量	最小值	下四分位数	平均值	上四分位数	最大值
总人口	– 5. 25	– 1. 61	– 1. 06	– 0. 21	0. 61
乡村人口	– 0. 79	0. 27	1. 28	2. 06	6. 48
农民人均纯收入	– 0. 76	0. 02	0. 14	0. 29	0. 61
城镇化率	– 0. 49	0. 03	0. 25	0. 48	1. 13

资料来源：笔者根据计算结果绘制。

GWR 结果表明，总人口、乡村人口、农民人均纯收入和城镇化率等解释变量的回归系数大小和符号在空间上均呈现出明显的区域差异性。这表明即使同一解释变量，如总人口、乡村人口、农民人均纯收入或城镇化率，在不同的县域对农村居民点面积变化的影响大小和方向各不相同。例如，农民人均纯收入的回归系数介于 – 0. 76 和 0. 61 之间。描述性统计结果显示，仅农民人均纯收入回归系数的最小值小于 0，其余统计指标均大于 0，即大部分区域农民人均纯收入的回归系数的符号为正。从空间上来看，在北京市、天津市北部和唐山南部一带，农民人均纯收入回归系数小于 0，表明在这些区域内，尽管农民人均纯收入较高，但农村居民点用地面积却呈减少趋势；而其他大部分县域内农民人均纯收入回归系数大于 0。尤其是在河北省保定市、石家庄市、邢台市和衡水市的县域内农民人均纯收入回归系数值相对较大，大部分高于 0. 36，表明在这些县域内农民人均纯收入的增加对农村居民点面积扩张的影响较大。其他驱动因素的作用情况也类似，表现出显著的区域差异性，在此不再赘述。

6.3 小　结

本章从全局和局部两个视角，在多个网格尺度和县域尺度上利用空间回归模型和地理加权回归模型，对农村居民点面积变化区域差异性的地理决定因素和社会经济因素进行了分析。

在网格尺度上，空间回归模型的结果显示华北平原农村居民点面积变化是自然、区位和可达性等多种因素综合作用的结果。自然因素年均降雨量作为一个宏观控制变量，其空间差异是华北平原社会经济、风俗文化等差异的基础，是华北平原南北地域差异的宏观反映，因此其对农村居民点用地面积变化的影响最大。地级市、县城和乡镇通过城镇扩张占用和辐射带动双向影响农村居民点面积变化，其作用范围大多在其行政范围内，小于自然因素年均降水量的影响范围；其作用大小则因各城镇的社会经济发展水平和发展阶段而异，但整体上也小于自然因素年均降水量的作用。可达性仅是地区社会经济发展水平的一个方面。因此，其对农村居民点面积变化的影响相对最小。地理加权回归模型结果则进一步揭示了农村居民点面积变化与各地理决定因素之间关系的空间异质性。各地理决定因素回归系数的符号和大小均存在空间差异性。

在县域尺度上，空间回归模型的结果表明对农村居民点面积变化具有显著影响的社会经济因素为总人口、乡村人口、农民人均纯收入和城镇化率等。其中，仅总人口的回归系数为负，乡村人口、农民人均纯收入、城镇化率等解释变量的回归系数均为正。从回归系数的大小来看，乡村人口和总人口的回归系数相对较大，城镇化率的回归系数次之，农民人均纯收入的回归系数最小，分别为 0.61、-0.49、0.19 和 0.11。这表明，人口和城镇化是目前华北平原农村居民点扩张的主要驱动因素，而相比之下农民人均纯收入的影响相对较小。地理加权回归模型的结果则进一步揭示了农村居民点面积变化驱动因素作用的复杂性。由于各县域所处的社会经济发展阶段等的不同，即使同一驱动因素，在不同地区对农村居民点面积变化的作用方向和大小也各不相同。

7

基于农村居民点用地规模和
布局的管控分析

科学认识农村居民点用地空间分布特征和变化规律，是为了更加合理地管控农村居民点用地规模和布局，实现农村居民点的健康可持续发展。通过前几章的分析，掌握了农村居民点的空间分布特征和变化规律，并认识到农村居民点的空间分布和变化受到自然、社会经济等诸多因素的综合影响。而农村居民点本身的性状（规模、形状、分布等）是各种影响因素的综合体现。因此，基于农村居民点本身性状的农村居民点用地分类，更能够客观地体现农村居民点之间差异性，全面地反映自然、社会经济等多方面的综合影响，并且具有简便易行等优点。因此，本章在基于农村居民点性状划分农村居民点类型的基础上，比较分析不同类型农村居民点用地空间分布及变化特征的差异性，结合实地调研情况，挖掘不同类型农村居民点用地存在的主要问题，并尝试提出相应的调控策略方向。

用来表征农村居民点性状的指标较多，但部分指标在不同的地区之间不具有直接可比性，例如农村居民点总面积受到县域范围大小的影响；还有部分指标则是其他一些指标的组合结果或衍生指标，例如农村居民点的平均斑块面积和密度的组合可以代替农村居民点的总面积。该类型的指标则不适合作为华北平原农村居民点用地类型的划分依据。

规模小、分布散是我国农村居民点用地的主要特征。尽管相比其他地区，华北平原农村居民点用地规模相对较大、分布相对较为集中，但华北平原内部区域之间农村居民点用地规模和分布仍存在较大差异。而且农村居民点用地规模和分布的差异，仍是华北平原农村居民点用地区域差异性的主要表现。因此，选择农村居民点用地的规模和分布作为华北平原农村居民点类型划分依据，能够较好地反映华北平原农村居民点用地的区域差异性。根据以上分析，本书选择农村居民点用地的规模和分布作为类型划分依据，并分别用平均斑块面积和密度来表征。

7.1 农村居民点用地类型划分

为了避免综合评价法掩盖单一评价指标差异性，本书采用空间叠加的方法来划分不同的组合类型。首先，采用自然断点法将农村居民点平均斑块面积分为大斑块、中斑块和小斑块三级，将密度分为高密度、中密度和低密度三级（见表7-1）。需要注意的是，这里的分级是针对华北平原内部农村居民点的相对分级。相比我国其他地区，华北平原农村居民点平均斑块面积较大、密度较高（Tian et al., 2012）。

表7-1 农村居民点用地类型划分指标的分级标准及结果

维度	级别	范围	数量（个）	总面积（平方千米）	占华北平原农村居民点总面积比例（%）
平均斑块面积	大斑块	0.37~0.73	3251	1469.62	5.61
	中斑块	0.23~0.36	27125	7060.27	26.93
	小斑块	0.09~0.22	114564	17684.30	67.46
密度	高密度	0.72~1.11	66463	9426.46	35.96
	中密度	0.43~0.71	52599	9551.94	36.44
	低密度	0.00~0.42	25878	7235.79	27.60

资料来源：笔者根据计算结果绘制。

从空间分布上来看，同一等级的县域在空间上具有相近性，呈现出明显的空间集聚特征。具体而言，农村居民点平均斑块面积大于0.37平方千米的县域仅21个，集中分布在河北省保定市和石家庄市，该类型农村居民点数量和总面积最少，分别为3251个和1469.62平方千米，占华北平原农村居民点总面积的比例仅为5.61%。河北省除保定市、石家庄市和衡水市外的大部分县域以及京津地区的大部分县域，农村居民点平均斑块面积在0.23~0.36平方千米。华北平原其余大部分县域，农村居民点平均斑块面积均为小斑块级别，该类型县域数量多、分布广，农村居民点总面积为17684.30平方千米，占华北平原农村居民点总面积的比例高达67.46%。

农村居民点密度小于0.42个/平方千米的县域数量最多，共有103个，主要集中分布在华北平原西部和北部，该类型农村居民点总面积为7235.79平方千米，占华北平原农村居民点用地总面积的比例相对较低，为27.60%。而高密度和中密度类型农村居民点总面积占华北平原农村居民点总面积的比例相对较高，分别为35.96%和36.44%。其中，高密度类型县域主要分布在鲁豫皖交界处。

在此基础上，采用空间叠加法将上述平均斑块面积和密度分级图叠加，可获得不同性状组合类型如表7-2所示。

表7-2　　　　　　　农村居民点用地类型划分结果

类型	县域数量	面积比例（%）	农村居民点数量（个）	农村居民点总面积（平方千米）	农村居民点总面积占华北平原农村居民点总面积比例（%）
大规模低密度	21	5.05	3251	1469.62	5.61
小规模低密度	19	6.73	5445	1052.38	4.01
小规模高密度	51	29.11	65250	9160.00	34.94
小规模中密度	65	30.26	43869	7471.92	28.50
中规模低密度	63	21.28	17182	4713.79	17.98
中规模中密度	21	7.56	99.43	2346.48	8.95

资料来源：笔者根据计算结果绘制。

如表 7-2 所示，华北平原农村居民点规模和密度的性状组合共有 6 种。其中，小规模高密度、小规模中密度、中规模低密度三种性状组合类型的县域数量多，面积占比大、分布广，是华北平原的主要分布类型。三种性状组合的县域数量分别为 51 个、65 个和 63 个；县域总面积占华北平原面积的比例分别为 29.11%、30.26% 和 21.28%；县域内农村居民点的总面积占华北平原农村居民点总面积的比例分别为 34.94%、28.50%、17.98%，其他类型所占比例均低于 10%。其中，小规模高密度组合的县域主要分布在河南省商丘市、周口市、驻马店市，以及安徽省亳州市、淮北市和阜阳市。小规模中密度组合的县域分布相对较广，包括江苏省徐州市，安徽省宿州市、蚌埠市，河南省开封市，山东省聊城市、德州市，河北省衡水市等。中规模低密度组合类型县域则主要分布在河北省境内除保定市、石家庄市和衡水市之外的大部分地区以及京津地区部分县域。

大规模低密度、小规模低密度、中规模中密度三种类型县域数量相对较少，分别有 21 个、19 个、21 个。小规模低密度、中规模中密度两种类型的县域分布较为分散；而大规模低密度类型县域则较为集中，主要集聚在河北省保定市和石家庄市。

7.2 不同类型农村居民点用地存在问题及管控方向

考虑到小规模低密度和中规模中密度两种类型的县域，在空间分布上较为分散，自然和社会经济等差异性较大，不适合于统一调控。因此，在此仅对其他四种类型农村居民点的调控方向进行了分析。

如表 7-3 所示，不同类型农村居民点在县均农村居民点数量、总面积、面积占比、面积标准差、人均面积等方面均存在较大差异。农村居民点用地平均斑块规模越大、密度越低的类型，其县域内农村居民点数量和总面积越小，面积标准差越大，人均用地面积越低。

表7-3　　　　　　　不同类型县均农村居民点用地差异

类型	数量（个）	总面积 （平方千米）	面积占比（%）	面积标准差	人均面积 （人/平方米）
小规模高密度	1279	179.61	12.22	0.16	191
小规模中密度	675	114.95	9.64	0.19	185
中规模低密度	273	74.82	9.01	0.30	173
大规模低密度	155	69.98	11.75	0.51	169

资料来源：笔者根据计算结果绘制。

7.2.1　大规模低密度类型

大规模低密度类型县域主要集聚在河北省保定市和石家庄市，县域范围较小，平均县域面积为625.93平方千米；相邻农村居民点之间距离较大，约为1.5千米。农村居民点数量较少，平均仅为155个，县域农村居民点密度低于0.42个/平方千米。此外，该类型县域城镇水平并不高，城镇化率仅为19.74%，乡村人口密度高达685人/平方千米，但在乡村地区人口居住集聚程度较高，大部分村庄人口数量在800～2500人，农户住宅较为紧凑，农村居民点平均斑块面积在0.37～0.73平方千米。

尤其是部分新农村建设等实施效果较好的县域，通过科学选址、合理规划，使农村居民点规模、形态、分布等整体较为合理，农村居民点集约利用程度较高。新农村建设过程中，新建农村住宅位置明确，住宅规模遵循相应的建设标准，住宅风格形式较为统一，相邻住户通常共用山墙，几户组成一排，排间距较合理，有序规则分布，农村居民点整体形态较整齐，农村居民点内部住宅之间较为紧凑，用地较为集约。藁城市、晋州市、无极县、深泽县、安国市、定州市、望都县、清苑区等县域内农村居民点多呈方块形，而霸州市、雄县、容城县、安新县、徐水区、任丘市、高阳县等县域的农村居民点形状规则性略差，多呈团块状，但住宅之间也较为紧凑，用地效率也相对较高，但在分布上受道路、河流湖泊等的影响较大，布局仍有进一步优化空间。

需要注意的是，尽管该类型人均农村居民点用地面积最小，为168.85平方米，但仍大于国家相关标准。而且该类型县域农村居民点斑块面积的标准差最大，表明不同农民点用地斑块之间的差异较大。

综上所述，该类型农村居民点整体布局相对较为合理，农户居住集聚程度较高，农村居民点内部住宅较为紧凑，农村居民点用地较为集约，是华北平原农村居民点规模和分布相对较合理的类型。将来应借助实施美丽乡村建设和新型农村社区建设试点工作的契机，以提高城镇化水平，进一步优化农村居民点布局、缩小农村居民点之间发展差异、提高农村居民点用地集约利用水平为主要调控目标，引导乡村人口向农村社区、城镇转移，逐步实现新型城镇化。

7.2.2　中规模低密度类型

中规模低密度类型县域内农户居住也相对集中，农户住宅也较为紧凑，农村居民点平均斑块面积在0.23~0.36平方千米，但分布南北跨度大、范围较广，主要包括北京市，天津市，河北省唐山市、沧州市、邢台市和邯郸市，河南省安阳市和新乡市等地区。因此，其城镇化水平、自然条件等差距较大。

大部分北京市和天津市所辖区县城镇化水平均高于27%，而滨海新区的城镇化水平甚至高达82%；该区域大部分县域为工业主导型，凭借得天独厚的区位优势，积极承接部分京津城市外溢功能发展乡村企业，同时为京津城市提供农副产品、休闲旅游等服务，县域经济发展水平较高，农户生计的非农化程度较高，农民人均纯收入在13288元左右。乡村转型发展和农户生计的多样化，也使农村居民点内部用地功能多样化，除满足自身居住功能的住宅之外，满足游客居住需求以及生产功能的建设用地扩张，是该区域农村居民点扩张的一个主要原因。因此，该地区农村发展对建设用地需求较大，人均农村居民点用地面积较大，为218平方米，并且1990～2015年农村居民点用地面积呈增加趋势，县均增加面积为13平方千米。另外，天津市部分区县，尤其是静海区农村居民点空间分布不均匀，过度集聚在道路两侧，空间布局有待进一步优化。

而河北省邢台市、邯郸市，河南省安阳市、新乡市和焦作市等境内县域发展水平相对较低，县均GDP仅为98亿元，一二三产业均不突出。县均城镇化水平为13.96%，农户的非农化程度不高，收入来源相对有限，农民人均纯收入为7557元。在以上因素的综合影响下，该区域农村居民点的变化不大，1990～2015年县均农村居民点数量和面积分别增加了19个和6.06平方千米，并且2015年人均农村居民点用地面积仅略高于国家规定的人均150平方米的标准。但部分地区也存在新建住宅占用耕地的现象。相关报道曾指出，邢台县西黄村镇南小庄村在过去很长一段时间内都没有规划安排过宅基地，然而达到结婚年龄的青年对新住房却存在刚性需求。在缺乏村庄规划和宅基地监管乏力的情况下，占用耕地新建住房，并且新建住房的规模不一、布局零散。同时，还存在建新不拆旧、一户多宅等现象。

综上所述，对于北京市、天津市所辖区县等城镇化水平较高的地区，应深化农村土地制度改革，加快推进城乡一体化发展。结合新型城镇化和美丽乡村建设的总体要求，在有条件的地区，尤其是已经试点实施三权分置、土地确权登记、农村土地征收、集体经营性建设用地入市、宅基地制度改革等工作的地区开展农村土地利用规划。根据农村发展的实际需求，合理安排农村各项土地利用活动，满足农村发展对建设用地的需求，避免违法建设占用耕地，提高土地利用效率和合理性。同时，通过合理安排交通道路等基础设施布局，引导农村居民点布局优化。对于城镇化水平较低的地区，一方面应立足自身特色，打造支柱产业，提升区域竞争力，增加农民就业机会和收入来源，提高农民生活水平；另一方面，应加强对农村新建房屋的监管力度，杜绝违法乱建，尤其是任意占用耕地的行为。对于确实具有刚性需求的宅基地建设，不应一味禁止，而应在符合相关规划的前提下，引导新建住宅向集约化、规则化发展。并逐步完善宅基地退出机制，提高土地利用效率。

7.2.3　小规模中密度类型

小规模中密度类型县域内农户居住聚集程度相对较低，大部分村内总人口数在 300～1000 人，农村居民点用地面积为 0.09～0.22 平方千米，但人均农村居民点面积较高，为 184.90 平方米。该类型县域分布较广，社会经济和自然条件等差异较大。河北省衡水市和山东省德州市、聊城市等的大部分县域内，新农村建设、新型社区建设等使得县域内农村居民点面积在 1990～2015 年呈减少趋势，县均减少23.24 平方千米。而在安徽省宿州市、蚌埠市，江苏徐州市等境内，农村居民点的数量和面积则显著增加。

在华北平原北部的河北省衡水市和山东省德州市、聊城市境内，农村居民点多成团块状分布，但农村居民点规模仍较小。山东省德州市实施了"两区同建"，河北省衡水市则大力推进"三区同建"的战略部署，引导农民居住向新型社区集中，产业向园区集中，土地向规模经营集中，优化了农村居民点布局，提高了农村居民点节约集约用地水平。本书调研中还发现，农村的自发城镇化趋势正在加强，部分农户即使已经获得农村宅基地，但也不打算新建住房，而是准备在市区、县城或乡镇购置楼房。这主要是由于现今农村适龄男女青年结婚时通常要求有楼房，在这种趋势下，农户财力有限，不敢轻易将积蓄用于在农村建房，而是储存起来以备在城镇购置楼房。

今后应注意新农村、新型社区建设工作过程中的经验教训总结，充分尊重农民意愿，落实新型社区建设的基础公共服务配套设施，解决农民集中居住之后的生计问题，切实提高农民生活水平。优先在靠近城镇、区位交通条件较好，非农产业发达、农户生计非农化程度较高的农村开展，并有条件地实施农村土地制度改革，通过农村土地所有权、承包权、经营权三权分置，加快土地流转，实现适度规模经营。农户生计非农化程度较低、非农产业不发达、农业生产依赖度较高的村庄，建设新型社区的条件尚不成熟，盲目推进新型社区建设不仅容易造成农民生产生活的不便，还提高了农民的生活成本，使农民的利益受损。因此，新型社区建设应结合当地非农产业发展情况，合理有序适时地推进，切不可盲目。

而在华北平原南部的江苏省徐州市，安徽省宿州市、蚌埠市等范围内，农村居民点布局整体上较为分散、无序，并且密度较人；而单个农村居民点规模整体较小，多呈条带状，并且条带之间间距较大，甚至呈单排分布且各农户住宅之间存在一定间距，少数呈团块状，但内部也较为松散。该区域农村居民点与小规模高密度类型具有一定的相似性。农村居民点的发展，应重视农村居民点整体布局的优化，改变分散的现状，适时因地制宜地推进农村居民点整理。同时，注重农村居民点内部用地潜力挖掘，加强基本农田建设保护，有条件的地区应通过制定科学的村土地利用规划等，合理设定农村宅基地条带之间间距及农户住宅之间的间距等，促使农村居民点用地向大规模、紧凑、集约方向发展。

7.2.4 小规模高密度类型

小规模高密度类型县域空间分布较为集中，主要聚集在豫皖交界处。相比于其他类型农村居民点，小规模高密度类型县域内农村居民点的数量、总面积、面积占比及人均农村居民点面积均最高，分别为1279 个、179.61 平方千米、12.22% 和 191 平方米；而由于农村居民点规模均较小，因此其农村居民点用地面积标准差最小，为 0.16。此外，1990～2015 年农村居民点用地数量和面积增加均较为明显，分别增加了 37 个和 16.87 平方千米。

小规模高密度类型县域内农村地区的村庄组织形式为"行政村 - 自然村 - 村民小组"，一个村民小组一般在几十户左右，聚集在一起形成一个农村居民点，集聚程度最低。例如，安徽省亳州市利辛县中疃镇辖 17 个村民委员会，共 164 个自然村，352 个村民小组，每个村民小组约有 41 户人家。因此，该区域农村居民点规模较小，平均斑块面积均小于 0.22 平方千米。此外，该地区部分县域为典型的农业县，是我国重要的商品粮生产基地，乡村人口数量众多，县均约 106 万人，乡村人口密度高达 652 人/平方千米，城镇化水平较低，在 17.59% 左右。由于缺乏相关规划或监管乏力等原因，农村居民点整体布局较为随意，居民点之间距离较近，密度较高。

尤其是近年来随着社会经济快速发展，农民外出打工的普及，农户生计的非农化、多样化发展，收入水平的提高，农村居民点沿路建设现象十分普遍，在道路两旁有农田的农户在自家农田上新建住宅，在道路两旁没有农田的农户则想方设法通过置换、购买等方式获取相应土地之后新建农房。同时，大部分农户沿路新建住宅之后，原有的旧宅并没有及时拆除，造成宅基地闲弃、空废，土地浪费，也进一步加剧了农村居民点散乱无序的空间布局。其次，农村居民点内部用地效率也较低。由于气候条件、风俗习惯等原因，该区域农村居民点内部农户住宅之间并不像北方那样紧凑，相邻住宅间往往留有一定的间距，连接性较差，农户住宅单栋独户的形式大量存在，"田间种房"的现象普遍，分布较为分散，用地较为粗放。由此，也导致人均农村居民点用地面积较高。此外，相比于华北平原北部县域，该类型县域范围较大，但县域社会经济发展水平却不高，城镇对农村居民点的辐射带动作用有限，农村地区非农产业欠发达，就地城镇化的动力不足。

该类型县域农村居民点集约利用潜力较大，是华北平原农村居民点管控的重点。第一，在有条件的地区推行农村新社区建设。针对该类型县域农村居民点规模小、距离近、密度高的特点，结合当地的实际发展情况，优先在经济发展水平较高、农户意愿较强的地区开展农村新社区建设，引导农民居住向社区集中。新社区的规模宜结合当地实际情况而定，如安徽省以现有行政村为基本单元，实行"一村一社区"。第二，条件较差的地区，应加强监管，合理引导农村居民点建设。条件较差地区以严格限制农村居民点的违法任意建房为主，确实需要新建住宅的，应注重农村居民点内部用地潜力挖潜。划定农村居民点建设范围，合理设定农户住宅建设标准，减小农户住宅之间的间距，加强住宅之间的连接性，提高农村居民点内部建设用地效率。第三，完善农村宅基地退出机制，加强农村土地整治。应建立完善的农村居民点退出机制，解决一户多宅、农户住宅废弃闲置等问题，减少土地浪费，提高土地利用效率。通过农村居民点整理复垦出的建设用地指标，不应一味地满足城市建设的需求，而应考虑农村住宅和生产建设的刚性需求，合理配置建设用地指标，以免农户正常住宅需求无法满足，从而导致不得不违法建设。第四，提升乡镇对农村居民点的辐射带动能力。该类型县域范围较大，部分农村居民点距县城的距离较远。应注重乡镇在城乡之间的连接作用，加快乡镇社会经济发展，提升乡镇对农村居民点的辐射带动能力。第五，加强耕地保护，划定永久基本农田。结合永久基本农田划定工作，优先将道路两旁高质量的耕地划入永久基本农田，加强对耕地的保护，杜绝道路两旁违法乱建占用基本农田。

7.3　小　结

为了较好地体现华北平原农村居民点用地区域差异性，本章基于农村居民点的规模和密度划分了农村居民点的类型。进一步对不同类型农村居民点用地特征及存在问题进行了分析，并提出了相应的管控方向。

　　基于农村居民点的规模和密度组合，华北平原农村居民点共分为六种类型。其中，小规模高密度、小规模中密度、中规模低密度三种性状组合类型的县域数量多，面积占比大，分布广，是华北平原的主要分布类型。大规模低密度、小规模低密度、中规模中密度三种类型县域数量相对较少。

　　农村居民点管控应注重区域差异性。整体来看，规模越大、密度越低的组合状态下农户居住的集聚程度越高，农村居民点整体形态更加规则，内部建设用地布局更为合理，农村居民点的集约利用水平更高。大规模低密度类型是华北平原农村居民点用地规模和分布较为合理的类型，人均农村居民点用地面积最低，为 168.85 平方米，今后应进一步缩小区域之间发展差异，提升农村居民点集约利用水平，实现新型城镇化。对于北京市、天津市所辖区县等城镇化水平较高的中规模低密度类型农村居民点，应深化农村土地制度改革，有序推进农村土地利用规划，加快推进城乡一体化发展。

　　规模越小、密度越高的组合类型农村居民点整体布局更加散乱，农户居住的集聚水平较低，并且存在大量任意新建住房的现象，尤其是沿路新建现象尤为突出，用地行为整体较为粗放。小规模高密度类型县域人均农村居民点用地面积最大，高达 191.30 平方米，并且1990～2015 年县均农村居民点的数量和面积分别增加了 37 个和 16.87 平方千米。该类型农村居民点用地集约利用潜力较大，是华北平原农村居民点管控的重点。应在加强监管、杜绝违法乱建、完善农村宅基地退出机制的前提下，从全局农村居民点用地布局和局部农村居民点内部用地规模两个方面同时入手加强农村居民点的管控。从全局角度，在条件较好的地区通过新农村社区建设、农村规划等，撤并弱小村，引导农村居住向社区集中，形成良好的空间布局；从局部角度，注重农村居民点内部用地效率提高，形成农户住宅大小、形式统一、合理，位置明确，整体紧凑、整齐的村貌。

8

结论与展望

8.1　主要结论

农村居民点用地变化研究是进行农村居民点用地规模和布局管控的基础，对于保障我国粮食安全、实现新型城镇化和可持续发展等具有重要意义。以往研究中研究范围相对较小，对农村居民点用地变化及驱动因素区域差异性考虑不足。本书以华北平原为例，基于遥感解译获得的 1990 年和 2015 年两期农村居民点用地数据，定量分析了农村居民点的用地现状及其变化特征。在此基础上，采用 Logistic 回归模型识别了农村居民点用地空间分布的主导影响因素；并从全局和局部两个视角，在网格和县域尺度上采用空间回归模型和地理加权回归模型，对农村居民点变化的地理决定因素和社会经济因素进行了探讨。最后，选取能够体现华北平原农村居民点用地区域差异性的性状指标，划分了农村居民点用地类型，并针对不同类型的用地特征及存在的主要问题，提出了相应的农村居民点用地管控方向。本书主要结论如下。

（1）2015 年华北平原农村居民点用地主要表现为数量多、平均斑块面积较大、面积占比和密度较高、空间分布差异显著等特征。2015 年华北平原农村居民点用地斑块共有 144941 个，平均斑块面积为 0.18 平方千米, 总面积为 26214.23 平方千米, 占华北平原总面积的比例为 10.30%。人均农村居民点用地面积为 181.44 平方米/人, 超过了国家规定的人均 150 平方米/人的标准, 用地较为粗放。县域内农村居民点用地密度的均值为 0.57 个/平方千米, 空间分布差异明显, 在南部以豫皖交界处为中心呈圈层结构分布, 在中部形成东中西递减的带状分布格局, 北部则在环渤海湾处形成一个横 "Y" 字形低值区。

(2) 1990~2015 年, 华北平原农村居民点用地变化整体上表现出数量增多、面积扩大、用地规模差距拉大、面积占比升高、密度增大、人均用地面积降低等特征。农村居民点用地斑块数量、斑块总面积、最大斑块面积、面积占比、密度分别增加了 6482 个、1813.14 平方千米、3.31 平方千米、0.71%、0.03 个/平方千米, 人均用地面积减少了 5.23 平方米/人。此外, 华北平原农村居民点用地变化可以划分为原地扩张、飞地扩张、原地萎缩、城镇占用和整理利用五种模式, 并以原地扩张为主。从占用耕地的面积来看, 1990~2015 年农村居民点用地扩张面积大于城镇扩张面积, 并且农村居民点用地扩张占用耕地的比重更高, 扩张面积中 97.13% 来源于耕地。

(3) 研究期内华北平原农村居民点用地的县城趋向性呈现出减弱趋势, 乡镇趋向性具有加强趋势, 并且乡镇趋向性已经超越县城趋向性, 农村居民点用地的乡镇趋向性在研究对象中最显著。此外, 乡镇和县城对农村居民点的凝聚作用, 仍显著大于地级市和直辖市。农村居民点的国道趋向性略有减弱, 而省道和县道趋向性加强, 并且相比国道和省道趋向性, 农村居民点的县道趋向性最强。农村居民点的空间分布并未表现出河流趋向性。

(4) 距 1990 年农村居民点、国道、省道距离对华北平原农村居民点空间分布具有显著性影响, 距 1990 年农村居民点、国道、省道距离越近, 该区域为农村居民点用地的可能性越大; 并且国道和省道对农村居民点空间分布的影响较为微弱、有限, 1990 年农村居民点的空间分布在很大程度上决定了 2015 年农村居民点用地的空间分布格局。华北平原农村居民点的宏观空间格局，是在国内和平稳定的环境中，在资源充足的前提下，受耕作半径约束，经历了充分的选择、竞争等长期积累之后达到的一个相对稳定、均衡的状态。

（5）在网格尺度上，空间回归结果表明自然因素年均降水量反映的是一个宏观控制变量，其空间差异是华北平原社会经济、风俗文化等差异的基础，是华北平原南北地域差异的宏观反映，其对农村居民点面积变化的影响最大；区位因素距地级市、县城和乡镇距离等则反映中观的地区差异，其对农村居民点面积变化的影响程度相对较小；可达性因素距国道、省道和县道距离则反映的是更小的地区内部差异，其对农村居民点面积变化的影响力也最小。地理加权回归模型结果则表明，农村居民点变化与相关驱动因素之间的关系具有显著的区域差异性。

（6）在县域尺度上，空间回归模型的结果表明，对农村居民点面积变化具有显著影响的社会经济驱动因素，主要是总人口、乡村人口、农民人均纯收入和城镇化率等。回归系数的大小则进一步表明，相比于农民人均纯收入，人口和城镇化率等对农村居民点面积变化的影响更大。地理加权回归模型的结果表明，各驱动因素在不同县域内的作用大小和方向具有明显的区域差异性。由于各县域所处的社会经济发展阶段等的不同，即使同一驱动因素在不同的地区对农村居民点面积变化的作用大小和方向也各不相同。

（7）基于规模和密度，华北平原农村居民点共可以分为小规模高密度、小规模中密度、中规模低密度、大规模低密度、小规模低密度、中规模中密度六种类型。其中，大规模低密度类型县域主要分布在河北省保定市和石家庄市，该类型农村居民点规模、分布较为合理，集约利用程度较高，是规模和分布相对较合理的类型。应注重提高城镇化水平，引导乡村人口向城镇转移，逐步实现新型城镇化为重点。对于北京市、天津市所辖区县等城镇化水平较高的中规模低密度类型农村居民点，应深化农村土地制度改革，有序推进农村土地利用规划，加快推进城乡一体化发展。小规模高密度类型县域主要分布在河南省商丘市、周口市、驻马店市，以及安徽省亳州市、淮北市和阜阳市。该类型农村居民点规模较小、布局分散、用地粗放、随意新建住房现象普遍，是农村居民点调控的重点。农村居民点的调控应从整体布局以及农村居民点内部用地内部挖潜两个方面同时入手。

8.2 创新点

本书的主要创新点包括以下几个方面。

（1）以往农村居民点用地研究多以县域、市域等行政区划作为研究单元，研究范围相对较小，区域差异性分析明显不足，缺乏对华北平原等地理单元的综合研究。本书以华北平原为例，分析了农村居民点用地的现状及变化特征。

（2）根据目前我国农村居民点存在农业主导型、工业主导型、第三产业主导型等发展类型的实际情况，比较分析了不同乡村发展类型农村居民点用地的差异性。

（3）不同于以往研究将整个研究区作为一个整体，假定驱动因素在整个研究区上的作用大小和方向均为常量。本书从全局和局部两个视角分析了华北平原农村居民点用地变化的驱动因素。在全局视角上比较不同驱动因素的作用大小和方向的差异性，在局部视角上比较同一驱动因素在不同区域的作用大小和方向的差异性。

（4）以往相关研究在分析农村居民点用地变化驱动因素时，对于空间尺度效应考虑不足。本书分别在网格尺度和县域尺度上分析了农村居民点用地变化的驱动因素，并且在网格尺度上设置了2千米、4千米、6千米、8千米和10千米等多个网格尺度。更好地揭示了不同尺度上农村居民点用地变化的驱动因素组合及其作用大小和方向等。

8.3 不足与展望

本书以华北平原为例，系统地分析了 1990~2015 年农村居民点用地的时空变化特征及其背后的驱动力，为农村居民点用地规模和布局的管控提供了科学依据，丰富了农村居民点用地变化及驱动力分析等相关研究的理论和方法。但由于种种原因，本书仍存在一些不足，今后的研究工作可以从以下几个方面展开。

（1）本书基于 30 米分辨率的 Landsat 遥感影像，采用自动解译和目视解译相结合的方法获取农村居民点用地信息。一方面，在条件允许的情况下，可以采用更高分辨率的影像，以提高精度；另一方面，本书采用的解译方法耗时耗力，今后应尝试寻求更好的解译方法，确保解译精度的前提下减少工作量。同时，应推动建立相关数据的及时共享机制。

（2）本书基于遥感解译获得的 1990 年和 2015 年两期土地利用数据，只分析了 1990~2015 年农村居民点用地的变化。今后应对分析的时间间隔进行细化，加强多个时间段的比较研究。如以 5 年为时间间隔，比较多个时间段上农村居民点变化及其驱动因素的时空变化规律。

（3）本书对华北平原农村居民点用地变化的研究属于宏观尺度的研究，今后可以进一步结合典型案例进行研究，深入挖掘农村居民点用地变化规律及其驱动力。

（4）对于驱动因素的分析，本书在相关指标的选取方面仍存在一定的局限性，尤其是缺乏对相关政策因素的量化分析。今后应尝试选择更丰富的驱动因素进行分析。

参 考 文 献

［1］白吕纳．人地学原理［M］．北京：钟山书局，1935.

［2］蔡为民，唐华俊，陈佑启．近20年黄河三角洲典型地区农村居民点景观格局［J］．资源科学，2004，26（5）.

［3］陈诚，金志丰．经济发达地区乡村聚落用地模式演变——以无锡市惠山区为例［J］．地理研究，2015（11）.

［4］陈美球，吴次芳．论乡村城镇化与农村居民点用地整理［J］．经济地理，1999（6）.

［5］陈桥驿．历史时期绍兴地区聚落的形成与发展［J］．地理学报，1980（1）.

［6］陈述彭，杨利普．遵义附近之聚落［J］．地理学报，1943（10）.

［7］陈晓华，张小林．"苏南模式"变迁下的乡村转型［J］．农业经济问题，2008（8）.

［8］陈玉福，孙虎，刘彦随．中国典型农区空心村综合整治模式［J］．地理学报，2010（6）.

［9］陈宗兴，陈晓键．乡村聚落地理研究的国外动态与国内趋势［J］．世界地理研究，1994，1（1）.

［10］地理系三年级经济地理实习队居民点小组．农村人民公社居民点的规模及其配置［J］．北京师范大学学报（自然科学版），1958（2）.

［11］范少言．乡村聚落空间结构的演变机制［J］．西北大学学报（自然科学版），1994，24（4）.

［12］范少言，陈宗兴．试论乡村聚落空间结构的研究内容［J］．经济地理，1995，15（2）．

［13］费孝通．论中国小城镇的发展［J］．中国农村经济，1996（3）．

［14］冯长春，赵若曦，古维迎．中国农村居民点用地变化的社会经济因素分析［J］．中国人口资源与环境，2012，22（3）．

［15］郭晓东．黄土丘陵区乡村聚落发展及其空间结构研究［D］．兰州大学，2007．

［16］海贝贝，李小建．1990 年以来我国乡村聚落空间特征研究评述［J］．河南大学学报（自然科学版），2013，43（6）．

［17］海贝贝，李小建，许家伟．巩义市农村居民点空间格局演变及其影响因素［I］．地理研究，2013，32（12）．

［18］韩璐，徐保根．基于 SEM 的陇南市农村居民点整治中农户心理契约影响因素研究［J］．中国土地科学，2012（10）．

［19］何仁伟，陈国阶，刘邵权．中国乡村聚落地理研究进展及趋向［J］．地理科学进展，2012（8）．

［20］何英彬，陈佑启，唐华俊．中国农村居民点研究进展［J］．中国农学通报，2010，26（14）．

［21］胡贤辉，杨钢桥，张霞．农村居民点用地数量变化及驱动机制研究——基于湖北仙桃市的实证［J］．资源科学，2007，29（3）．

［22］姜广辉，张凤荣，陈军伟．基于 Logistic 回归模型的北京山区农村居民点变化的驱动力分析［J］．农业工程学报，2007，23（5）．

［23］姜广辉，张凤荣，周丁扬．北京市农村居民点用地内部结构特征的区位分析［J］．资源科学，2007，29（2）．

［24］金其铭．农村聚落地理研究——以江苏省为例［J］．地理研究，1982（3）．

[25] 金其铭. 农村聚落地理 [M]. 北京: 科学出版社, 1988.

[26] 金其铭. 我国农村聚落地理研究历史及近今趋向 [J]. 地理学报, 1988 (4).

[27] 金其铭. 中国农村聚落地理 [M]. 江苏: 江苏科学技术出版社, 1989.

[28] 科瓦列夫. 描述中央黑土区农村聚落分布特征资料分类的经验 [M]. //人口地理与城市地理 (论文集). 北京: 科学出版社, 1959.

[29] 李红波, 张小林. 国外乡村聚落地理研究进展及近今趋势 [J]. 人文地理, 2012 (4).

[30] 李佩恩, 杨庆媛, 范垚. 基于 SEM 的农村居民点整治中农户意愿影响因素——潼南县中渡村实证 [J]. 经济地理, 2016 (3).

[31] 李升发, 李秀彬. 耕地撂荒研究进展与展望 [J]. 地理学报, 2016 (3).

[32] 李小建. 农户地理论 [M]. 北京: 科学出版社, 2009.

[33] 李鑫, 甘志伍, 欧名豪. 农村居民点整理潜力测算与布局优化研究——以江苏省江都市为例 [J]. 地理科学, 2013 (2).

[34] 李秀彬. 全球环境变化研究的核心领域——土地利用/土地覆被变化的国际研究动向 [J]. 地理学报, 1996 (6).

[35] 林超. 聚落分类之讨论 [J]. 地理, 1938, 6 (1).

[36] 刘彦随. 中国东部沿海地区乡村转型发展与新农村建设 [J]. 地理学报, 2007 (6).

[37] 刘彦随, 刘玉. 中国农村空心化问题研究的进展与展望 [J]. 地理研究, 2010 (1).

[38] 刘彦随, 刘玉, 翟荣新. 中国农村空心化的地理学研究与整治实践 [J]. 地理学报, 2009 (10).

[39] 龙花楼. 中国农村宅基地转型的理论与证实 [J]. 地理学报, 2006 (10).

[40] 龙花楼. 论土地利用转型与乡村转型发展 [J]. 地理科学进展, 2012 (2).

[41] 龙花楼, 李秀彬. 长江沿线样带农村宅基地转型 [J]. 地理学报, 2005 (2).

[42] 龙花楼, 李裕瑞, 刘彦随. 中国空心化村庄演化特征及其动力机制 [J]. 地理学报, 2009 (10).

[43] 龙花楼, 刘彦随, 邹健. 中国东部沿海地区乡村发展类型及其乡村性评价 [J]. 地理学报, 2009 (4).

[44] 马恩朴, 李同昇, 卫倩茹. 中国半城市化地区乡村聚落空间格局演化机制探索——以西安市南郊大学城康杜村为例 [J]. 地理科学进展, 2016 (7).

[45] 马利邦, 郭晓东, 张启媛. 甘谷县乡村聚落时空布局特征及格局优化 [J]. 农业工程学报, 2012 (13).

[46] 马晓冬, 李全林, 沈一. 江苏省乡村聚落的形态分异及地域类型 [J]. 地理学报, 2012, 67 (4).

[47] 闵婕, 杨庆媛. 三峡库区乡村聚落空间演变及驱动机制——以重庆万州区为例 [J]. 山地学报, 2016 (1).

[48] 曲衍波, 张凤荣, 郭力娜. 农村居民点整理后耕地质量评价与应用 [J]. 农业工程学报, 2012 (2).

[49] 曲衍波, 张凤荣, 宋伟. 农村居民点整理潜力综合修正与测算——以北京市平谷区为例 [J]. 地理学报, 2012 (4).

[50] 任国平, 刘黎明, 付永虎. 都市郊区乡村聚落景观格局特征及影响因素分析 [J]. 农业工程学报, 2016 (2).

[51] 萨乌什金. 苏联农村居民点的地理研究 [M]. //人口地理与城市地理 (论文集). 北京: 科学出版社, 1959.

[52] 邵子南, 吴群, 许恩. 农户对农村居民点整理意愿及影响因素研究——基于 Logistic 和 SEM 模型的实证分析 [J]. 水土保持研究, 2014 (6).

［53］沈陈华．丹阳市农村居民点空间分布尺度特征及影响因素分析［J］．农业工程学报，2012，28（22）．

［54］舒帮荣，李永乐，曲艺．经济发达地区镇域农村居民点演变驱动力空间差异研究［J］．长江流域资源与环境，2014，23（6）．

［55］宋伟，陈百明，姜广辉．中国农村居民点整理潜力研究综述［J］．经济地理，2010（11）．

［56］苏高华，陈方正，郑新奇．基于系统论的农村居民点用地演变驱动机制研究——以北京市昌平区为例［J］．水土保持研究，2009，16（4）．

［57］苏世亮．流域生态系统对城市化的时空响应［D］．浙江大学，2013．

［58］田光进．基于GIS的中国农村居民点用地分析［J］．遥感信息，2003（2）．

［59］田光进，刘纪远，张增祥．基于遥感与GIS的中国农村居民点规模分布特征［J］．遥感学报，2002，6（4）．

［60］田光进，刘纪远，庄大方．近10年来中国农村居民点用地时空特征［J］．地理学报，2003，58（5）．

［61］田贵全，曲凯．山东省农村居民点动态变化遥感分析［J］．地域研究与开发，2008（1）．

［62］王介勇，刘彦随，陈玉福．黄淮海平原农区典型村庄用地扩展及其动力机制［J］．地理研究，2010，29（10）．

［63］王曼曼，吴秀芹，吴斌．盐池北部风沙区乡村聚落空间格局演变分析［J］．农业工程学报，2016（8）．

［64］吴文恒，牛叔文，郭晓东．黄淮海平原中部地区村庄格局演变实证分析［J］．地理研究，2008，27（5）．

［65］谢保鹏，朱道林，陈英．基于区位条件分析的农村居民点整理模式选择［J］．农业工程学报，2014（1）．

［66］许尔琪．密云水库上游流域土地利用对地表径流营养物的

影响［D］．中国科学院大学，2015．

［67］薛力．城市化背景下的"空心村"现象及其对策探讨——以江苏省为例［J］．城市规划，2001（6）．

［68］杨悉廉，杨齐祺，周兵兵．县域农村居民点整理的潜力测算与时序分区［J］．农业工程学报，2013（12）．

［69］叶艳妹，吴次芳．我国农村居民点用地整理的潜力、运作模式与政策选择［J］．农业经济问题，1998（10）．

［70］尹怀庭，陈宗兴．陕西乡村聚落分布特征及其演变［J］．人文地理，1995（4）．

［71］袁洁，杨钢桥，朱家彪．农村居民点用地变化驱动机制——基于湖北省孝南区农户调查的研究［J］．经济地理，2009，28（6）．

［72］原智远，胡业翠，王介勇．基于参与式制图的村域土地利用时空格局分析——以北京平谷区大庄户村为例［J］．地域研究与开发，2013，32（5）．

［73］张佰林．农村居民点功能演变与空间分异研究［D］．中国农业大学，2015．

［74］张佰林，蔡为民，张凤荣．隋朝至1949年山东省沂水县农村居民点的时空格局及驱动力［J］．地理研究，2016（6）．

［75］张同铸，宋家泰，苏永煊．农村人民公社经济规划的初步经验［J］．地理学报，1959（2）．

［76］张文奎．人文地理学概论［M］．长春：东北师范大学出版社，1987．

［77］周国华，贺艳华，唐承丽．中国农村聚居演变的驱动机制及态势分析［J］．地理学报，2011（4）．

［78］周伟，曹银贵，王静．三峡库区近30年农村居民点格局变化与特征分析［J］．农业工程学报，2011，27（4）．

［79］朱炳海．西康山地村落之分布［J］．地理学报，1939（6）．

［80］朱凤凯．北京市郊区农村居民点用地转型与功能演变研究

[D]. 中国农业大学, 2014.

[81] 朱泰峰, 张凤荣, 李灿. 基于植被覆盖率的农村居民点整理潜力估算及实证 [J]. 农业工程学报, 2013 (1).

[82] 朱晓翔, 朱纪广, 乔家君. 国内乡村聚落研究进展与展望 [J]. 人文地理, 2016 (1).

[83] Aguilera-Benavente F, Botequilha-Leitão A, Díaz-Varela E. Detecting multi-scale urban growth patterns and processes in the Algarve region (Southern Portugal) [J]. Applied Geography, 2014.

[84] Anselin L. Spatial econometrics: Methods and models [J]. Studies in Operational Regional Science, 1988, 85 (411).

[85] Anselin L, Syabri I, Kho Y. Geo Da: An introduction to spatial data analysis [J]. Geographical Analysis, 2006, 38 (1).

[86] Bai X, Shi P, Liu Y. Realizing China's urban dream [J]. Nature, 2014, 509 (7499).

[87] Barone L A, Ferrante V. Rural settlements in Sao Paulo: Strategies and mediations for development [J]. Dados-Revista De Ciencias Sociais, 2012, 55 (3).

[88] Brandao V A B, Riveira I S, Maseda R C et al. Social analysis of the factors that influence the development and planning of rural settlements: The cases of the municipalities of Cervantes and Guitiriz in Galiza [J]. Dados-Revista De Ciencias Sociais, 2014, 57 (3).

[89] Brown L R. Who will feed China [M]. Washington, DC: World Watch Institute, 1995.

[90] Brunsdon C, Fotheringham A S, Charlton M. Geographically weighted regression: A method for exploring spatial nonstationarity [J]. Geographical Analysis, 1996.

[91] Bunce M. Rural Settlement in an Urban World [J]. Real Estate Economics, 1982.

［92］ Chen D H, Abler D, Zhou D et al. A meta-analysis of food demand elasticities for China ［J］. Applied Economic Perspectives and Policy, 2016, 38 (1).

［93］ Chen M, Ye C. Differences in pattern and driving forces between urban and rural settlements in the coastal region of Ningbo, China ［J］. Sustainability, 2014, 6 (4).

［94］ Chen Y B, Chang K T, Han F Z et al. Investigating urbanization and its spatial determinants in the central districts of Guangzhou, China ［J］. Habitat International, 2016.

［95］ Cheng J, Masser I. Urban growth pattern modeling: A case study of Wuhan city, PR China ［J］. Landscape and urban planning, 2003, 62 (4).

［96］ Chisholm M. Rural settlement and land use: An essay in location ［M］. London: hutchinson university library, 1968.

［97］ Christaller W. Die zentralen Orte in Süddeutschland: Eine ökonemisch-geographische Untersuchung über die Gesetzmassigkeit der Verbreitung und Eniwicklung der Siedlungen mit städtischen Funktionen ［M］. Gustav Fischer, 1933.

［98］ Cloke P, Goodwin M, Milbourne P et al. Deprivation, poverty and marginalization in rural lifestyles in England and Wales ［J］. Journal of Rural Studies, 1995, 11 (95).

［99］ Conrad C, Rudloff M, Abdullaev I et al. Measuring rural settlement expansion in Uzbekistan using remote sensing to support spatial planning ［J］. Applied Geography, 2015.

［100］ Dong G L, Xu E Q, Zhang H Q. Spatiotemporal variation of driving forces for settlement expansion in different types of counties ［J］. Sustainability, 2016, 8 (1).

［101］ Du X D, Jin X B, Yang X L et al. Spatial pattern of land use change and its driving force in Jiangsu Province [J]. International Journal of Environmental Research and Public Health, 2014, 11 (3).

[102] Eboli L, Forciniti C, Mazzulla G. Exploring land use and transport interaction through structural equation modelling [J]. Procedia-Social and Behavioral Sciences, 2012, 54 (2290).

[103] Fotheringham A S, Brunsdon C, Charlton M E. Geographically weighted regression: The analysis of spatially varying relationships [M]. Chichester, UK: John Wiley Sons Ltd., 2002.

[104] Fukase E, Martin W. Who will feed China int he 21st century? Income growth and food demand and supply in China [J]. Journal of Agricultural Economics. 2016, 67 (1).

[105] Guo L, Ma Z, Zhang L. Comparison of bandwidth selection in application of geographically weighted regression: A case study [J]. Canadian Journal of Forest Research, 2008, 38 (9).

[106] Hin L L. Xin L. Redevelopment of urban villages in Shenzhen, China—An analysis of power relations and urban coalitions [J]. Habitat International, 2011, 35 (3).

[107] Hu J, Wang Y, Ying Q et al. Spatial and temporal variability of PM 2. 5 and PM 10 over the North China plain and the Yangtze River delta, China [J]. Atmospheric Environment, 2014.

[108] Hu S G, Yang S F, Li W D et al. Spatially non-stationary relationships between urban residential land price and impact factors in Wuhan city, China [J]. Applied Geography, 2016.

[109] Hu Z, Lo C. Modeling urban growth in Atlanta using logistic regression [J]. Computers, Environment and Urban Systems, 2007, 31 (6).

[110] Hudson F S. A Geography of settlement [M]. London: Macdonald and Evans, 1970.

[111] Ivajnšič D, Kaligarič M, Žiberna I. Geographically weighted re-

gression of the urban heat island of a small city [J]. Applied Geography, 2014.

[112] Kuang W, Chi W, Lu D et al. A comparative analysis of megacity expansions in China and the US: Patterns, rates and driving forces [J]. Landscape and Urban Planning, 2014.

[113] Li C, Li J, Wu J. Quantifying the speed, growth modes, and landscape pattern changes of urbanization: A hierarchical patch dynamics approach [J]. Landscape Ecology, 2013, 28 (10).

[114] Li D, Wang D, Li H et al. The effects of urban sprawl on the spatial evolution of rural settlements: A case study in Changchun, China [J]. Sustainability, 2016, 8 (8).

[115] Li L H, Lin J, Li X et al. Redevelopment of urban village in China—A step towards an effective urban policy? A case study of Liede village in Guangzhou [J]. Habitat International, 2014 (43).

[116] Li T, Long H, Liu Y et al. Multi-scale analysis of rural housing land transition under China's rapid urbanization: The case of Bohai Rim [J]. Habitat International, 2015 (48).

[117] Li X, Zhou W, Ouyang Z. Forty years of urban expansion in Beijing: What is the relative importance of physical, socioeconomic, and neighborhood factors? [J]. Applied Geography, 2013 (38).

[118] Liu Y, Luo T, Liu Z et al. A comparative analysis of urban and rural construction land use change and driving forces: Implications for urban-rural coordination development in Wuhan, Central China [J]. Habitat International, 2015 (47).

[119] Long H, Liu Y, Wu X et al. Spatio-temporal dynamic patterns of farmland and rural settlements in Su-Xi-Chang region: Implications for building a new countryside in coastal China [J]. Land Use Policy, 2009, 26 (2).

[120] Long H, Zou J, Pykett J et al. Analysis of rural transformation development in China since the turn of the new millennium [J]. Applied Geography, 2011, 31 (3).

[121] Long H L, Liu Y S, Li X B et al. Building new countryside in China: A geographical perspective [J]. Land Use Policy, 2010, 27 (2).

[122] Luc A. Local indicators of spatial association-LISA [J]. Geographical Analysis, 1995, 27 (2).

[123] Luo J, Wei Y D. Modeling spatial variations of urban growth patterns in Chinese cities: The case of Nanjing [J]. Landscape and Urban Planning, 2009, 91 (2).

[124] McKinney M L. Urbanization, Biodiversity and Conservation The impacts of urbanization on native species are poorly studied, but educating a highly urbanized human population about these impacts can greatly improve species conservation in all ecosystems [J]. BioScience, 2002, 52 (10).

[125] Mcmillen D P. Geographically weighted regression: The analysis of spatially varying relationships. [J] American Journal of Agricultural Economics, 2004, 86 (2).

[126] Meitzen A. Siedelung und agrarwesen der westgermanen und ostgermanen, der kelten, römer, finnen und slawen [J]. Scientia Verlag, 1895.

[127] Menard S. Applied logistic regression analysis [J]. Technometrics, 2002, 38 (2).

[128] Moran P A P. The interpretation of statistical maps [J]. Journal of the Royal Statistical Society, 1947, 10 (2).

[129] Moran P A P. Notes on continuous stochastic phenomena [J]. Biometrika, 1950, 37 (1 –2).

[130] Polat H E, Gun M. Analysis of the rural dwellings at new resi-

dential areas in The Southeastern Anatolia, Turkey [J]. Building and Environment, 2004, 39 (12).

[131] Portal R D, de Lima S C G, Joele M. Food access and consumption in a rural settlement in Castanhal, PA, Brazil [J]. Food Science and Technology, 2016 (36).

[132] Qu W, Zhao S, Sun Y. Spatiotemporal patterns of urbanization over the past three decades: A comparison between two large cities in Southwest China [J]. Urban Ecosystems, 2014, 17 (3).

[133] Seto K C, Fragkias M. Quantifying spatiotemporal patterns of urban land-use change in four cities of China with time series landscape metrics [J]. Landscape ecology, 2005, 20 (7).

[134] Seto K C, Fragkias M, Güneralp B et al. A meta-analysis of global urban land expansion [J]. PloS one, 2011, 6 (8).

[135] Shafizadeh-Moghadam H, Helbich M. Spatiotemporal variability of urban growth factors: A global and local perspective on the megacity of Mumbai [J]. International Journal of Applied Earth Observation and Geoinformation, 2015 (35).

[136] Shao J A, Zhang S C, Li X B. Effectiveness of farmland transfer in alleviating farmland abandonment in mountain regions [J]. Journal of Geographical Sciences, 2016, 26 (2).

[137] Shu B, Zhang H, Li Y et al. Spatiotemporal variation analysis of driving forces of urban land spatial expansion using logistic regression: A case study of port towns in Taicang City, China [J]. Habitat International, 2014 (43).

[138] Song W, Chen B, Zhang Y. Land use regionalization of rural settlements in China [J]. Chinese Geographical Science, 2013, 23 (4).

[139] Song W, Chen B M, Zhang Y. Land-use change and socio-economic driving forces of rural settlement in China from 1996 to 2005 [J].

Chinese Geographical Science, 2014, 24 (5).

［140］Song W, Liu M. Assessment of decoupling between rural settlement area and rural population in China ［J］. Land Use Policy, 2014, 39 (5).

［141］Song W, Pijanowski B C, Tayyebi A. Urban expansion and its consumption of high-quality farmland in Beijing, China ［J］. Ecological Indicators, 2015 (54).

［142］Su S, Jiang Z, Zhang Q et al. Transformation of agricultural landscapes under rapid urbanization: A threat to sustainability in Hang-Jia-Hu region, China ［J］. Applied Geography, 2011, 31 (2).

［143］Su S, Zhang Q, Zhang Z et al. Rural settlement expansion and paddy soil loss across an ex-urbanizing watershed in eastern coastal China during market transition ［J］. Regional Environmental Change, 2011, 11 (3).

［144］Szabo S, Bertalan L, Kerekes A et al. Possibilities of land use change analysis in a mountainous rural area: A methodological approach ［J］. International Journal of Geographical Information Science, 2016, 30 (4).

［145］Tan M, Li X. The changing settlements in rural areas under urban pressure in China: Patterns, driving forces and policy implications ［J］. Landscape and Urban Planning, 2013 (120).

［146］Tan R, Liu Y, Liu Y et al. Urban growth and its determinants across the Wuhan urban agglomeration, central China ［J］. Habitat International, 2014 (44).

［147］Tian G, Jiang J, Yang Z et al. The urban growth, size distribution and spatio-temporal dynamic pattern of the Yangtze River Delta megalopolitan region, China ［J］. Ecological Modelling, 2011, 222 (3).

［148］Tian G, Qiao Z, Gao X. Rural settlement land dynamic modes and policy implications in Beijing metropolitan region, China [J]. Habitat International, 2014 (44).

[149] Tian G, Qiao Z, Zhang Y. The investigation of relationship between rural settlement density, size, spatial distribution and its geophysical parameters of China using Landsat TM images [J]. Ecological Modelling, 2012 (231).

[150] Tian G, Yang Z, Zhang Y. The spatio-temporal dynamic pattern of rural residential land in China in the 1990s using Landsat TM images and GIS [J]. Environmental Management, 2007, 40 (5).

[151] Topole M, Bole D, Petek F et al. Spatial and functional changes in built-up areas in selected slovene rural settlements after 1991 [J]. Acta Geographica Slovenica-Geografski Zbornik, 2006, 46 (2).

[152] Wang Y P, Wang Y, Wu J. Urbanization and informal development in China: Urban villages in Shenzhen [J]. International Journal of Urban and Regional Research, 2009, 33 (4).

[153] Woods M. Social movements and rural politics [J]. Journal of Rural Studies, 2008, 24 (2).

[154] Woods M, Woods M. Rural geography: Processes, responses and experiences in rural restructuring [J]. Rural Geography Processes Responses & Experiences in Rural Restructuring, 2005, 7 (3).

[155] Wu J, Jenerette G D, Buyantuyev A et al. Quantifying spatio-temporal patterns of urbanization: The case of the two fastest growing metropolitan regions in the United States [J]. Ecological Complexity, 2011, 8 (1).

[156] Xi J, Wang X, Kong Q et al. Spatial morphology evolution of rural settlements induced by tourism [J]. Journal of Geographical Sciences, 2015, 25 (4).

[157] Xi J, Zhao M, Ge Q et al. Changes in land use of a village

driven by over 25 years of tourism: The case of Gougezhuang village, China [J]. Land Use Policy, 2014 (40).

[158] Xiao R, Su S, Mai G et al. Quantifying determinants of cash crop expansion and their relative effects using logistic regression modeling and variance partitioning [J]. International Journal of Applied Earth Observation and Geoinformation, 2015 (34).

[159] Xu C, Liu M, Yang X et al. Detecting the spatial differentiation in settlement change rates during rapid urbanization in the Nanjing metropolitan region, China [J]. Environmental monitoring and assessment, 2010, 171 (1 −4).

[160] Xu X, Min X. Quantifying spatiotemporal patterns of urban expansion in China using remote sensing data [J]. Cities, 2013 (35).

[161] Xu Y, Pu L, Zhang L. Spatial pattern and the process of settlement expansion in Jiangsu Province from 1980 to 2010, Eastern China [J]. Sustainability, 2014, 6 (11).

[162] Yang R, Liu Y, Long H et al. Spatio-temporal characteristics of rural settlements and land use in the Bohai Rim of China [J]. Journal of Geographical Sciences, 2015, 25 (5).

[163] Ye X, Wu L. Analyzing the dynamics of homicide patterns in Chicago: ESDA and spatial panel approaches. [J] Applied Geography, 2011, 31 (2).

[164] You H. Quantifying megacity growth in response to economic transition: A case of Shanghai, China [J]. Habitat International, 2016 (53).

[165] Zeng C, Zhang A L, Xu S. Urbanization and administrative restructuring: A case study on the Wuhan urban agglomeration [J]. Habitat International, 2016 (55).

[166] Zeng C, Zhang M, Cui J et al. Monitoring and modeling urban

expansion-A spatially explicit and multi-scale perspective [J]. Cities, 2015 (43).

[167] Zhang Y, Li X B, Song W. Determinants of cropland abandonment at the parcel, household and village levels in mountain areas of China: A multi-level analysis [J]. Land Use Policy, 2014 (41).

[168] Zhang Z, Su S, Xiao R et al. Identifying determinants of urban growth from a multi-scale perspective: A case study of the urban agglomeration around Hangzhou Bay, China [J]. Applied Geography, 2013 (45).

[169] Zhao S Q, Zhou D C, Zhu C et al. Spatial and Temporal Dimensions of Urban Expansion in China [J]. Environmental Science & Technology, 2015, 49 (16).

[170] Zhao W, Zhu X, Sun X et al. Water quality changes in response to urban expansion: Spatially varying relations and determinants [J]. Environmental Science and Pollution Research, 2015, 22 (21).

[171] Zhen L, Cao S Y, Cheng S K et al. Arable land requirements based on food consumption patterns: Case study in rural Guyuan District, Western China [J]. Ecological Economics, 2010, 69 (7).

[172] Zhou G, He Y, Tang C et al. Dynamic mechanism and present situation of rural settlement evolution in China [J]. Journal of Geographical Sciences, 2013, 23 (3).

[173] Zhou K, Liu Y, Tan R et al. Urban dynamics, landscape ecological security, and policy implications: A case study from the Wuhan area of central China [J]. Cities, 2014 (41).

[174] Zhu F, Zhang F, Li C et al. Functional transition of the rural settlement: Analysis of land-use differentiation in a transect of Beijing, China [J]. Habitat International, 2014 (41).